D0729017

Need to Know Spanish
Inglés indispensable

Berlitz Publishing

New York   **Munich**   **Singapore**

Contacting the Editors
Every effort has been made to provide accurate information in this publication, but changes are inevitable. The publisher cannot be responsible for any resulting loss, inconvenience or injury. We would appreciate it if readers would call our attention to any errors or outdated information by contacting Berlitz Publishing, 193 Morris Avenue, Springfield, NJ 07081, USA. Fax: 1-908-206-1103.
email: comments@berlitzbooks.com

Cover photo: © 2007 Masterfile Corporation

Printed in Canada

Publishing Director: Sheryl Olinsky Borg
Editor/Project Manager: Emily Bernath
Senior Editor: Lorraine Sova
Editorial Assistant: Eric Zuarino
Editor: Briana Beckerman
Interior Design/Layout: Tamara Newnam
Cover Design: Claudia Petrilli
Production Manager: Elizabeth Gaynor

Berlitz *Need to Know Spanish* contains over 4000 Spanish words and phrases that you need to communicate in your everyday life. The chapters are arranged by theme, so you can easily find the vocabulary you need for any situation. Within each chapter, word lists are organized by specific situation. In the "Speak Up" boxes, sample phrases and conversations are provided, giving you to ability to communicate in a wide variety of settings.

Use the table of contents, or the chapter names at the top of every page to help you navigate to the topic that's right for you: *meeting people; getting around town; shopping; housing; food; work; technology and communication; education; travel; health and emergencies;* or *arts and leisure*. There is also a reference section at the end of the book that gives you a brief introduction to Spanish grammar. Throughout the book, British English vocabulary is noted in brackets [ ]. You will also see the following abbreviations indicating where certain Spanish words are used:

AR: Argentina	MX: Mexico
BO: Bolivia	PE: Peru
CH: Chile	PR: Puerto Rico
CO: Colombia	SP: Spain
EC: Ecuador	UR: Uruguay
LA: Latin America	VE: Venezuela

Whether you need a little bit of everyday language to communicate with Spanish-speakers at home, or a lot of language to get by abroad, you'll find what you need here.

The editors at Berlitz Publishing

El programa *Inglés indispensable* de Berlitz incluye más de 4000 palabras y expresiones de uso en la comunicación diaria. Los capítulos están organizados por tema, para que le resulte más sencillo encontrar las palabras que necesite. En cada capítulo, las palabras están clasificadas para cada situación específica. En las secciones de "Hable" se incluyen frases y conversaciones de muestra, para permitirle comunicarse en entornos de todo tipo.

Para encontrar el tema que le interesa puede usar el índice o el nombre de los capítulos, que viene indicado en la parte superior de cada página. Podrá encontrar temas tan variados como *encuentros, viajar por la ciudad, compras, vivienda, comida, trabajo, tecnología y comunicaciones, la educación, viajes, salud y emergencias* y *artes y ocio*. Al final del libro también se incluye una sección de referencia con una breve introducción gramatical. El vocabulario en inglés británico aparece en corchetes [ ] a lo largo del libro. Para las palabras en español de uso más regional, también se incluye información sobre el lugar donde se usan, como se indica a continuación:

AR: Argentina	MX: México
BO: Bolivia	PE: Perú
CH: Chile	PR: Puerto Rico
CO: Colombia	SP: España
EC: Ecuador	UR: Uruguay
LA: Latinoamérica	VE: Venezuela

Tanto si necesita saber sólo un poquito de inglés para comunicarse con ellos en su comunidad, como si necesita un conocimiento más amplio para comunicarse en el extranjero, ¡tiene la solución en las manos!

Los editores de Berlitz Publishing

Contents   Contenidos

Food La comida 63

Work El trabajo 80

Technology and Communication La tecnología y las comunicaciones 93

Education La educación 100

Travel Viajes 113

Health and Emergencies
Salud y emergencias 125

Arts and Leisure Artes y ocio 138

Grammar 156 Gramática 159

Chapter 1
Meeting People

Chapter 1

Encuentros

⤹Speak Up

Hello, my name is...
I'm from...
I live in...
▶ For nationalities, see page 13

⤹Hable

Hola, me llamo...
Soy de...
Vivo en...
▶ Ver la página 13 para
   consultar la nacionalidad

Greetings and congratulations

Greetings and congratulations	Saludos y felicitaciones
Cheers!	¡Salud!
Come in!	¡Pase (usted)!
Congratulations!	¡Felicitaciones!
Good afternoon	Buenas tardes
Good morning	Buenos días
Good night	Buenas noches
Happy Easter	Feliz Pascua
Happy New Year	Feliz Año Nuevo
Hello	Hola
Here's to...	¡Por...!
Merry Christmas	Feliz Navidad
toast	el brindis
to toast	brindar por
Well done!	¡Bien hecho!
Very good!	¡Muy bien!

Introductions

Presentaciones

⤹Speak Up

I'd like you to meet...
May I introduce...
Let me introduce...
This is...

⤹Hable

Quiero presentarle a...
¿Puedo presentarle a...?
Le presento a...
Este es...

Bill, meet Jane	Bill, te presento a Jane
How do you do?	¿Cómo está usted?
I introduce myself	me presento

1

Meeting People

Encuentros

introduction	la presentación
It's nice to meet you!	¡Mucho gusto!
pleased to meet you	encantado/a
welcome	dar la bienvenida
address (*someone*)	dirigirse a
address as "tú"	tutear
address as "usted"	tratar de usted
Best regards from…	Un saludo de…
Bless you!	¡Salud!
I'm (very) well, thank you.	Estoy (muy) bien, gracias.
(I hope you) get well soon.	(Espero) que se mejore pronto.
How are you?	¿Cómo está usted?
How are you feeling?	¿Cómo se siente?
Much better, thank you.	Mucho mejor, gracias.
the same to you (*polite*)	igualmente
so-so	regular
To your health!	¡Salud!

Titles

Tratamientos

Doctor	Doctor (Dr.)
Miss	Señorita (Srta.)
Mister (Mr.)	Señor (Sr.)
Mrs. / Ms.	Señora (Sra.)
Professor	Profesor
Sir	Señor

Family

La familia

⌫ Speak Up

⌫ Hable

This is…	Éste/Ésta es…
Let me introduce…	Le presento a…

adopted	adoptivo/a
aunt	la tía
baby	el bebé
brother	el hermano
brother-in-law	el cuñado

2

Meeting People | Encuentros

children	los niños
cousin	el primo
dad	el papá
daughter	la hija
daughter-in-law	la nuera
distant relative	el pariente lejano
older	mayor
family	la familia
father	el padre
father-in-law	el suegro
fiancé(e)	el prometido
foster	adoptivo/a
foster mother	la madre adoptiva
godson	el ahijado
goddaughter	la ahijada
godfather	el padrino
godmother	la madrina
grandchildren	los nietos
granddaughter	la nieta
grandfather	el abuelo
grandmother	la abuela
grandparents	los abuelos
grandson	el nieto
great-aunt	la tía abuela
great grandchild	el bisnieto
great-grandfather	el bisabuelo
great-grandmother	la bisabuela
great-nephew	el sobrino-nieto
great-niece	la sobrina-nieta
great-uncle	el tío abuelo
guardian	el tutor
half-brother	el medio hermano
half-sister	la media hermana
husband	el esposo
mom	la mamá
mother	la madre
mother-in-law	la suegra

Meeting People

nephew	el sobrino
niece	la sobrina
only child	el hijo único
parents	los padres
partner	la pareja
related	emparentado
relation	el pariente
relationship	la relación
relative	el pariente
second cousin	el primo segundo
siblings	los hermanos
sister	la hermana
son	el hijo
son-in-law	el yerno
spouse	el cónyuge
stepbrother	el hermanastro
stepdaughter	la hijastra
stepfather	el padrastro
stepmother	la madrastra
stepsister	la hermanastra
stepson	el hijastro
twin brother	el (hermano) gemelo
twin sister	la (hermana) gemela
uncle	el tío
wife	la esposa
younger	menor

Meeting   Encuentros

accept	aceptar
appointment	la cita
at home	en casa
banquet	el banquete
bump into (someone)	toparse con (alguien)
to be busy	estar ocupado/a
celebrate	celebrar
celebration	la celebración
club	el club

Meeting People | Encuentros

come and see	venir a ver
dance	el baile
dance	bailar
date *(appointment)*	la cita
datebook	la agenda
diary	el diario
drop in on *(someone)*	pasar a ver a (alguien)
expect	esperar
greet	saludar
guest	el invitado/la invitada
handshake	el apretón de manos
have fun	divertirse
to expect...for dinner	esperar a...para cenar
invitation	la invitación
invite	invitar
join	unirse a
keep (a date)	cumplir (con una cita)
look for someone	buscar a alguien
meeting	la reunión
meet	reunirse (con)
member	el miembro
party	la fiesta
throw a party	dar una fiesta
reception	la recepción
see	ver
shake hands with...	darle la mano a...
social life	la vida social
socialize	socializar
take part	participar
talk	hablar
to be free	estar libre
visitor	la visita
visit	visitar

Thanking | Agradecimientos

Don't mention it!	¡No hay de qué!
I'm (very) grateful to you for...	Le estoy (muy) agradecido por...

Meeting People	Encuentros
Not at all!	¡De nada!
So nice of you to...	Es usted muy amable...
thank	agradecer
Thank you so much.	Muchísimas gracias.
Thanks!	¡Gracias!
Thanks a lot.	Muchas gracias.

Apologizing	Pedir disculpas
apologize	disculparse
I beg your pardon	le ruego me perdone
excuse	disculpar
Excuse me	discúlpeme
Excuse me, please	¡Perdone, por favor!
Don't worry about it!	¡No se preocupe!
forgive	perdonar
it doesn't matter (at all)	no importa (nada)
refuse	rechazar
I'm (so) sorry that...	Siento (muchísimo) que...

Farewells	Despedidas
All the best!	¡Que vaya bien!
Good-bye!	¡Adiós!
Good luck!	¡Buena suerte!
say good-bye	despedirse
Have a good time!	¡Que lo pase bien!
Have fun!	¡Que se divierta!
Have a safe trip!	¡Buen viaje!
See you later!	¡Hasta luego!
See you tomorrow!	¡Nos vemos mañana!
Sweet dreams!	¡Dulces sueños!

Describing people	Describir personas
⌇Speak Up	⌇Hable
He/She is...	Él/Ella es...
I am...	Yo soy...
I look like...	Mi apariencia es...

attractive	atractivo/a
average	promedio
bald	calvo/a
beautiful	precioso/a
blond	rubio/a
broad	ancho/a
build	la constitución física
chic	chic
cleanshaven	afeitado/a
clumsy	torpe
curly	rizado (SP/LA), crespo (LA)
dark	moreno
different (from)	diferente (a)
elegant	elegante
farsighted	hipermétrope
fat	gordo/a
feminine	femenino/a
fit	en forma
gender	el género
good-looking	guapo/a
handsome	atractivo
heavy	grueso/a
large	grande
left-handed	zurdo/a
light	claro/a *(hair/skin color)*, ligero/a *(weight)*
male	el varón
masculine	masculino/a
mustache	el bigote
nearsighted	miope
neat	pulcro/a
neatness	pulcritud
obese	obeso/a
overweight	el sobrepeso
part of body	la parte del cuerpo
physical	físico/a
pimple	el grano

plump	rechoncho/a
pretty	bonito/a
red-haired	pelirrojo/a
right-handed	diestro/a
scowl	fruncir el ceño
sex	el sexo
short	bajo/a *(people)*, corto/a
similar (to)	parecido/a (a)
similarity	la semejanza
size	el tamaño, la talla *(clothing, shoes)*
slender	esbelto/a
slim	delgado/a
small	pequeño/a
smile	sonreír
smile	la sonrisa
stocky	rechoncho/a
strength	la fuerza
striking	impresionante
strong	fuerte
tall	alto/a
thin	delgado/a
tiny	diminuto/a
trendy	moderno/a
ugly	feo/a
walk	andar
wavy	ondulado/a
weigh	pesar
weight	el peso

Age   La edad

Q Speak Up   Q Hable

I am…years old.   Tengo… años.

▶ *For numbers, see page 17*   ▶ *Ver página 17 para consultar los números*

adolescent	el adolescente

elderly	los ancianos
grown-up	el adulto
grown-up	adulto/a
middle-aged	de mediana edad
old	viejo/a
older	mayor
teenager	el adolescente
young	joven
young person	la persona joven
youth	la juventud
youthful	juvenil

Personality traits / La personalidad

♻Speak Up / ♻Hable

He/She is...	Él/Ella es...
I am...	Yo soy...

active	activo/a
amusing	divertido/a
annoying	molesto/a
bad	malo/a
bad-tempered	tener mal genio
behavior	el comportamiento
calm	tranquilo/a
careful	cuidadoso/a
careless	descuidado/a
characteristic	la característica
charming	encantador/a
cheerful	alegre
clever	listo/a
confident	seguro/a
discipline	la disciplina
dreadful	espantoso/a
evil	malvado/a
foolish	imprudente
forgetful	olvidadizo/a

Meeting People — Encuentros

friendly	simpático/a
fussy	quisquilloso/a
generous	generoso/a
gifted	dotado/a
good	bueno/a
good-tempered	amistoso/a
habit	la costumbre
hard-working	trabajador/a
helpful	servicial
help	ayudar
(dis)honest	(des)honesto/a
humor	el humor
humorous	gracioso/a
immorality	la inmoralidad
innocent	inocente
intelligence	la inteligencia
intelligent	inteligente
(un)kind	(des)agradable
kindness	la amabilidad
lazy	perezoso/a
laziness	la pereza
lively	animado/a
mad/crazy	loco/a
manners	los modales
mental(ly)	mental(mente)
(im)moral	(in)moral
morality	la moralidad
nervous	nervioso/a
nice	agradable
(dis)obey	(des)obedecer
optimistic	optimista
(im)patient	(im)paciente
personality	la personalidad
pessimistic	pesimista
pleasant	placentero/a
(im)polite	(mal) educado/a

Meeting People | Encuentros

popular	popular
quality	la calidad
(un)reasonable	(in)aceptable
respect	el respeto
respect	respetar
rude	grosero/a
sad	triste
self-confident	seguro/a de sí mismo/a
self-esteem	la autoestima
sense	el sentido
common sense	el sentido común
good sense	el buen sentido
sensible	sensato/a
serious	serio/a
shy	tímido/a
skill	la habilidad
skillful	habilidoso/a
(un)sociable	(in)sociable
strange	extraño/a
stupid	estúpido/a
stupidity	la estupidez
suspicious	suspicaz
sympathetic	compasivo/a
sympathy	la simpatía
tactful	diplomático/a
tactless	sin tacto
talented	con talento
temperament	el carácter
temperamental	temperamental
trusting	confiado/a
unfriendly	antipático/a
warm	cálido/a
well-known	conocido/a
wise	juicioso/a
wit	el ingenio
witty	ingenioso/a

Professions	Profesiones

⌕ Speak Up | ⌕ Hable

What do you do?	¿A qué se dedica?
I'm a...	Soy...
I work for...	Trabajo para..

accountant	el contable (SP), el contador (LA)
actor	el actor
artist	el artista
builder	el constructor
businessperson	el negociante
computer programmer	el programador de ordenadores (SP)/computadoras (LA)
cook	el cocinero
dentist	el dentista
doctor	el médico
engineer	el ingeniero
firefighter	el bombero
flight attendant	el asistente de vuelo
hairdresser	el peluquero
interpreter	el intérprete
journalist	el periodista
judge	el juez
lawyer	el abogado
librarian	el bibliotecario
mail carrier	el cartero
mechanic	el mecánico
musician	el músico
pharmacist	el farmacéutico
photographer	el fotógrafo
pilot	el piloto
policeperson	el policía
receptionist	el recepcionista
scientist	el científico
student	el estudiante
teacher	el profesor

Meeting People — Encuentros

travel agent	el agente de viajes
veterinarian	el veterinario
writer	el escritor

Nationality — La nacionalidad

ꊦ Speak Up — ꊦ Hable

Where are you from?	¿De dónde es usted?
I'm from...	Soy de...
Bolivia	Bolivia
Britain	Bretaña
Canada	Canadá
Chile	Chile
Colombia	Colombia
Costa Rica	Costa Rica
Cuba	Cuba
Ecuador	Ecuador
England	Inglaterra
Great Britain	Gran Bretaña
Guatemala	Guatemala
Ireland	Irlanda
Mexico	México
New Zealand	Nueva Zelanda
Peru	Perú
Scotland	Escocia
South Africa	Sudáfrica
Spain	España
United Kingdom	Reino Unido
United States	Estados Unidos
Uruguay	Uruguay
Venezuela	Venezuela

Languages — Idiomas

ꊦ Speak Up — ꊦ Hable

What languages do you speak?	¿Qué idiomas habla?
I speak...	Hablo...

Meeting People	Encuentros
Do you speak…?	¿Habla…?
Do you understand…?	¿Entiende…?
I only speak a little…	Sólo hablo un poco de…
Is there anyone here who speaks…?	¿Hay alguien aquí que hable…?

English	inglés
Spanish	español
French	francés
Portuguese	portugués

Making appointments / Concertar citas

♫ Speak Up / ♫ Hable

Are you free…?	¿Está libre…?
I'm available…	Estoy disponible…
Let's meet…	Encontrémonos…
Can we re-schedule for…?	¿Podemos reprogramar la cita para…?

Time of day / La hora del día

a.m.	de la mañana
afternoon	la tarde
in the afternoon(s)	por la(s) tarde(s)
evening	la tarde, la noche
in the evening(s)	por la(s) tarde(s), por la(s) noche(s)
morning	la mañana
in the morning(s)	por la(s) mañana(s)
noon	el mediodía
night	la noche
at night	por la noche
midnight	medianoche
at midnight	a medianoche
p.m.	de la tarde
today	hoy
tomorrow	mañana
tomorrow morning	mañana por la mañana

tomorrow afternoon	mañana por la tarde
tomorrow evening	mañana por la noche
the day after tomorrow	pasado mañana
tonight	esta noche
week	semana
in one week	dentro de una semana
yesterday	ayer
yesterday afternoon	ayer por la tarde
yesterday morning	ayer por la mañana
yesterday evening	ayer por la noche
the day before yesterday	anteayer

Telling time   Decir la hora

second	el segundo
minute	el minuto
hour	la hora
half an hour	media hora
in an hour's time	dentro de una hora
hourly	cada hora
quarter	un cuarto
quarter of an hour	un cuarto de hora
quarter after (two)	(dos) y cuarto
quarter of (two)	(dos) menos cuarto
five after six	las seis y cinco
five of six	las seis menos cinco
noon	mediodía
midnight	medianoche

"What's the date today?"	"¿A qué fecha estamos?"
"The twenty-first of January."	"Estamos a veintiuno de enero."
"And what's the time, please?"	"¿Y qué hora es, por favor?"
"Half past two."	"Las dos y media."

Days of the week   Los días de la semana

Monday	el lunes
Tuesday	el martes

Meeting People	Encuentros
Wednesday	el miércoles
Thursday	el jueves
Friday	el viernes
Saturday	el sábado
Sunday	el domingo

The months / Los meses

January	enero
February	febrero
March	marzo
April	abril
May	mayo
June	junio
July	julio
August	agosto
September	septiembre
October	octubre
November	noviembre
December	diciembre

The seasons / Las estaciones

spring	la primavera
summer	el verano
fall [autumn]	el otoño
winter	el invierno

The date / La fecha

last Friday	el viernes pasado
on Tuesday	el martes
on Tuesdays	los martes
by Friday	para el viernes
the first of January	el primero de enero
January first, two thousand eight	uno de enero de dos mil ocho
in the year…	en el año…
at the end of…	a finales…
by the end of…	para finales…
at the beginning (of July)	a primeros de (julio)

by the beginning (of July)	para primeros de (julio)
in December	en diciembre
in mid January	a mediados de enero
at the end of March	al final de marzo
in spring	en primavera
day	el día
week	la semana
month	el mes
year	el año

Numbers   Números

one	uno
two	dos
three	tres
four	cuatro
five	cinco
six	seis
seven	siete
eight	ocho
nine	nueve
ten	diez
eleven	once
twelve	doce
thirteen	trece
fourteen	catorce
fifteen	quince
sixteen	dieciséis
seventeen	diecisiete
eighteen	dieciocho
nineteen	diecinueve
twenty	veinte
twenty-one	veintiuno
twenty-two	veintidós
twenty-three	veintitrés
thirty	treinta
thirty-one	treinta y uno

thirty-two	treinta y dos
thirty-three	treinta y tres
forty	cuarenta
forty-one	cuarenta y uno
forty-two	cuarenta y dos
forty-three	cuarenta y tres
fifty	cincuenta
sixty	sesenta
seventy	setenta
eighty	ochenta
ninety	noventa
one hundred	cien
one hundred one	ciento uno
one hundred two	ciento dos
one hundred three	ciento tres
two hundred	doscientos
three hundred	trescientos
four hundred	cuatrocientos
five hundred	quinientos
one thousand	mil
ten thousand	diez mil
one hundred thousand	cien mil
one million	un millón
ten million	diez millones

Getting Around Town

Viajar por la ciudad

Asking for directions

Pedir indicaciones

ℚ Speak Up

Where is…?
I'm looking for…
How do I get to…?

ℚ Hable

¿Dónde está…?
Busco…
¿Cómo se llega a…?

Directions

Indicaciones

atlas	el atlas
…blocks	…cuadras
▶ For numbers, see page 17	▶ Ver página 17 para consultar los números
compass	la brújula
east	el este
eastern	oriental
in the east	en el este
to the east	al este
latitude	la latitud
left	la izquierda
location	la ubicación
longitude	la longitud
map	el mapa
north	el norte
northern	nórdico/a
in the north	en el norte
to the north (of)	al norte (de)
point of the compass	la cuarta
right	la derecha
on the left/right	a la izquierda/a la derecha
to the left/right	hacia la izquierda/hacia la derecha
south	el sur
southern	sureño/a
in the south	en el sur
to the south	al sur

Getting Around Town / Viajar por la ciudad

straight	recto
straight ahead	todo recto
go straight	seguir recto
...street	...calle
turn	girar
turn left/right	girar a la izquierda/derecha
turn off	desviarse
turn around	dar la vuelta
west	el oeste
western	occidental
in the west	en el oeste,
to the west (of)	al oeste (de),

Location / Ubicación

to be	ser, estar
there is (*singular*), there are (*plural*)	hay
there isn't (any), there aren't (any)	no hay (ninguno/a)
to be located	estar situado/a

Modes of transportation / Modos de transporte

car	el coche (SP), el carro (LA)
bus	el autobús, el camión (MX), la guagua (PR)
train	el tren
bicycle (bike)	la bicicleta (la bici)
tram	el tranvía
taxi	el taxi
boat	el barco
ferry	el transbordador
plane	el avión
motorcycle	la motocicleta (coll: la moto)
walk	caminar

Coming and going / Ir y venir

arrive	llegar
bring	traer
by car	en coche/carro

carry	llevar
climb	escalar
come	venir
come down	bajar
come in	entrar
come out	salir
come up	subir
drive	conducir, manejar (LA)
enter	entrar
exit	salir
follow	seguir
get in	entrar
get out	salir
get up	levantarse
go	ir
go for a walk	ir a pasear
go around	dar la vuelta
go up	subir
hurry up	darse prisa
jump	saltar
leave	salir
leave (something) behind	dejar (algo) atrás
move	mover
on foot	a pie
pass	pasar
run	correr
run away	escapar
rush	apurar
sit down	sentarse
sit up	levantarse
slip	resbalarse
to be standing	estar de pie
stand still	estar quieto/a
stop	parar
walk	caminar
wander	deambular
way	el camino

Here and there

Come here!	¡Ven aquí!
here	aquí
go there	ir allí
there	allí
rush there	correr allí
way over there	por allá

Aquí y allá

Position

Posición

⌐ Speak Up

⌐ Hable

Where?	¿Dónde?
Where from?	¿De dónde?
Where to?	¿Hacia dónde?

about	alrededor
about (adv)	por todas partes
above	encima de
across	a través (de)
after	después (de)
against	contra
ahead	delante
ahead of	delante de
along	a lo largo de
among	entre
anywhere	en cualquier sitio
around	alrededor (de)
around the garden	por el jardín
as far as	hasta
at	en
at home	en casa
at school	en el colegio
at work	en el trabajo
back	detrás
at the back (of)	detrás (de)
to the back	hacia la parte trasera
backwards	hacia atrás
behind	detrás (de)

below	debajo (de)
below	debajo
beside	al lado de
between	entre
beyond	más allá (de)
bottom	el fondo
at the bottom (of)	en el fondo (de)
center	el centro
in the center	en el centro (de)
direction	la dirección
in the direction of…	en la dirección de…
distance	la distancia
in the distance	a distancia
distant	distante
down there	allí abajo
downstairs	abajo
edge	el borde
at the edge (of)	al borde (de)
end	el final
at the end (of)	al final (de)
everywhere	en todas partes
far (from)	lejos (de)
first	primero/a
from	de, desde
front	el frente
to be in front	estar delante
in front of	delante de
in	en
in there	allí dentro
inside	dentro
into	dentro
last	último/a
middle	medio
in the middle (of)	en (el) medio (de)
move	mover
movement	el movimiento
near	cerca

Getting Around Town · Viajar por la ciudad

nearby	cercano/a
neighborhood	el vecindario
in the neighborhood	en las cercanías (de)
next	siguiente
next (adv.)	próximamente
next to	al lado de
nowhere	en ningún sitio
on	en, sobre
onto	en
opposite	en frente (de)
out of	fuera de
out there	allí fuera
outside	afuera
past	pasado/a
side	lado
on the side	en el lado
on both sides of	a ambos lados de
somewhere	en alguna parte
to	hacia
top	arriba
top (of mountain)	la cima
at the top	en la cima
on top (of)	encima (de)
towards	hacia
under	debajo (de)
up there	allí arriba
upstairs	arriba
with	con

Building and location names · Nombres de edificios y lugares

airport	el aeropuerto
ATM	el cajero automático
bakery	la panadería
bank	el banco
bar	el bar
coffee shop	la cafetería

24

Getting Around Town — Viajar por la ciudad

church	la iglesia
convenience store	el multiquiosco
department store	los grandes almacenes
drugstore	la droguería
gas station	la gasolinera
grocery store	la tienda de comestibles
gym	el gimnasio
hotel	el hotel
laundromat	la lavandería
motel	el motel
nightclub	el club nocturno
park	el parque
parking garage	el estacionamiento cubierto
parking lot [car park]	el aparcamiento
playground	el patio de recreo
police station	la estación de policía
post office	la oficina de correos
restaurant	el restaurante
school	el colegio
shopping mall	el centro comercial
store	la tienda
subway [underground] station	la estación de metro
supermarket	el supermercado
train station	la estación del tren

Travel by road — Viajar por carretera

▶ *For modes of transportation, see page 20*

▶ *Ver página 20 por modos de transporte*

access	el acceso
automatic	automático/a
back up	dar marcha atrás
breathalyzer	el alcoholímetro
breakdown	la avería
broken	roto/a
bus fare	la tarifa del autobús
bus stop	la parada del autobús
car parts	las piezas del coche/carro

25

car rental [hire]	el alquiler de coches/carros
car wash	el lavado de coches/carros
caution	la prudencia
chauffeur	el chófer
crash	estrellarse
collision	la colisión
company car	el coche/carro de la empresa
cross	cruzar
dangerous	peligroso/a
detour [diversion]	la desviación
diesel	el diesel
drive	conducir, manejar (LA)
driving	la conducción
driver	el conductor
driver's license [driving licence]	el carnet de conducir
driving instructor	el instructor de autoescuela
driving lesson	la lección de conducir
driving school	la autoescuela
driving test	el examen de conducir
drunk driving	la conducción bajo los efectos del alcohol
engine trouble	el problema del motor
fill up	llenar
fine	la multa
fix	arreglar
flat [puncture]	el pinchazo
forbidden	prohibido/a
for rent [hire]	se alquila
garage	el garaje
gas station	la gasolinera
gasoline [petrol]	la gasolina
regular	normal
super	súper
gear	la marcha
in gear	en marcha
in first gear	en primera (marcha)
in neutral	en punto muerto

in reverse	en marcha atrás
highway	la autopista
highway police	la policía de carreteras
hitchhike	hacer autostop
hitchhiker	el autoestopista
honk [sound] the horn	tocar la bocina
insurance	el seguro
insurance card	la tarjeta del seguro
insurance policy	la póliza del seguro
jack	el gato
keys	las llaves
kilometer	el kilómetro
make of car	la marca del coche/carro
mechanics	la mecánica
mechanical	mecánico/a
one-way	la dirección única
pass [overtake]	adelantar
park	estacionar
parking	el aparcamiento
no parking	la prohibición de estacionar
parking lot [car park]	el estacionamiento
parking meter	el parquímetro
parking ticket	la multa de estacionamiento
passenger	el pasajero
pedestrian	el peatón
police	la policía
policeman	el policía
policewoman	la mujer policía
police station	la comisaría de policía
public transportation	el transporte público
ramp	la rampa
registration papers	los papeles de inscripción
rent [hire]	alquilar
rental [hired] car	el coche alquilado
repair	reparar
reverse	hacer marcha atrás
right of way	la preferencia

road	la carretera
road block	el bloqueo de la carretera
road map	el mapa de carreteras
road sign	la señal de tráfico
road work	las obras de la carretera
route	la ruta
run over	atropellar
rush hour	la hora punta (SP), la hora pico (LA)
traffic-free zone	la zona peatonal
seatbelt	el cinturón de seguridad
self-service	el autoservicio
service	el servicio
service area	el área de servicio
signal	la señal
signpost	el poste indicador
slippery	resbaladizo/a
slow	lento/a
slow down	reducir la velocidad
speed	la velocidad
speed up	acelerar
speed limit	el límite de velocidad
start (engine)	arrancar
student [learner] driver	el conductor novato
taxi	el taxi
taxi driver	el taxista
taxi stand [rank]	la parada de taxis
test	comprobar
toll	el peaje
tow	remolcar
traffic	el tráfico
traffic jam	el atasco de tráfico
traffic light	el semáforo
traffic report	el informe del tráfico
trailer	la caravana
trip	el viaje
truck [lorry]	el camión

turn off (engine)	apagar (el motor)
U-turn	el giro en U
vehicle	el vehículo
vehicle inspection [MOT]	la ITV (Inspección Técnica de Vehículos)
wait	esperar
warning	el aviso
witness	el testigo
yield [give way]	ceder el paso

On the road   ## En la calle

access road	el carril de acceso
avenue	la avenida
beltway [ring road]	la carretera de circunvalación
bridge	el puente
bump	el bache
closed (road)	carretera cortada
corner	la esquina
crossing	el cruce
crossroad	el cruce de carreteras
crosswalk [zebra crossing]	el paso de cebra
cul-de-sac	la calle sin salida
curve	la curva
entry	la entrada
exit	la salida
inside lane	el carril interior
intersection	la intersección
lane	el carril
main street	la calle principal
one-way street	la calle de dirección única
outside lane	el carril exterior
road	la carretera
traffic circle [roundabout]	la rotonda
side street	la calle lateral
sidewalk	la acera, la banqueta (MX)
square	la plaza
street	la calle

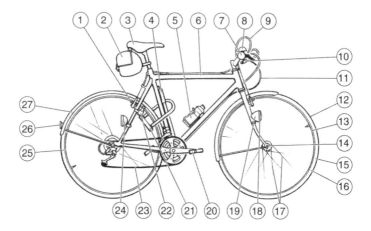

1 brake pad la pastilla de frenos
2 bicycle bag la mochila
3 saddle el asiento
4 pump la bomba
5 water bottle la cantimplora
6 frame el cuadro [la armadura]
7 handlebars los manubrios
8 bell la campana
9 brake cable el cable de los
   frenos
10 gear shift la barra de cambios
11 gear control cable
   el cable de los cambios
12 inner tube cámara de aire/
   llanta
13 front/back wheel la rueda
   delantera/trasera

14 axle el eje
15 tire [tyre] la llanta
16 wheel la rueda
17 spoke el radio/rayo
18 bulb la bombilla/el foco
19 headlamp faro
20 pedal el pedal
21 lock la cerradura contra robos
22 generator [dynamo] el dínamo
23 chain la cadena
24 rear light el faro trasero/luz
25 rim la llanta
26 reflectors los reflectores
27 fender [mudguard] el guarda-
   fango

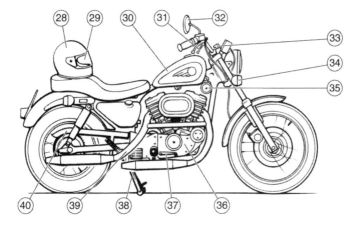

28 helmet el casco
29 visor la visera
30 fuel tank el tanque de la gasolina
31 clutch lever el pedal de embrague
32 mirror el espejo
33 ignition switch la llave de
   encendido

34 turn signal la direccional
35 horn la bocina [el pito]
36 engine el motor
37 gear shift la barra de cambios
38 kick stand la varilla de la
   bicicleta
39 exhaust pipe el tubo de escape
40 chain guard la barra

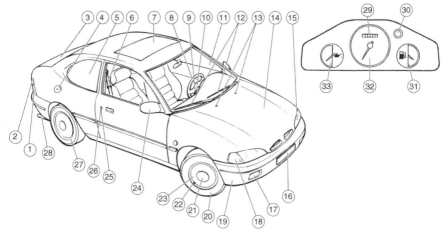

1 tail lights [back lights]
   las luces traseras
2 brakelights las luces de los
   frenos
3 trunk [boot] la cajuela [el
   maletero]
4 gas tank door [petrol cap] la
   tapa del depósito de gasolina
5 window la ventana
6 seat belt el cinturón de
   seguridad
7 sunroof el techo solar
8 steering wheel el volante
9 starter/ignition el encendido
10 ignition key la llave
   (de encendido)
11 windshield [windscreen]
   el parabrisas
12 windshield [windscreen]
   wipers las escobillas
13 windshield [windscreen]
   washer el limpiaparabrisas
14 hood [bonnet] el capó
15 headlights los faros

16 license [number] plate
   las placas
17 fog lamp el faro antiniebla
18 turn signals [indicators]
   las direccionales
19 bumper el parachoques
20 tires [tyres] las llantas
21 wheel cover [hubcap]
   el tapacubos
22 valve la válvula
23 wheels las ruedas
24 outside/wing mirror el espejo
   retrovisor
25 automatic locks [central lock-
   ing] el cierre centralizado
26 lock el seguro [la cerradura]
27 wheel rim el rin de la rueda
28 exhaust pipe el tubo de
   escape
29 odometer [milometer]
   el medidor de kilometraje
30 warning light la luz de
   advertencia
31 fuel gauge el indicador

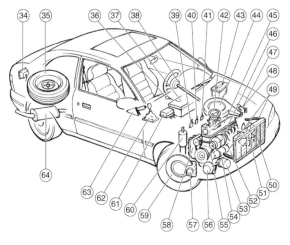

32 speedometer el velocímetro
33 oil gauge el indicador del nivel
   de aceite
34 backup [reversing] lights
   las luces de reversa
35 spare wheel la llanta de
   repuesto
36 choke el estárter [ahogador]
37 heater la calefacción
38 steering column la columna
   de dirección
39 accelerator el acelerador
40 pedal el pedal
41 clutch el embrague [el cloche]
42 carburetor el carburador
43 battery la batería
44 air filter el filtro de aire
45 camshaft el árbol de levas
46 alternator el alternador
47 distributor el distribuidor
48 points las tomas de corriente
49 radiator hose (top/bottom)
   la manguera del radiador
   (arriba/abajo)

50 radiator el radiador
51 fan el ventilador
52 engine el motor
53 oil filter el filtro de aceite
54 starter motor el motor de
   arranque
55 fan belt la correa del
   ventilador
56 horn la bocina [el pito]
57 brake pads las pastillas de los
   frenos
58 transmission [gear box] la caja
   de cambio
59 brakes los frenos
60 shock absorbers los amor-
   tiguadores
61 fuses los fusibles
62 gear shift [lever] la barra de
   cambios
63 handbrake el freno de mano
64 muffler [silencer] el silenciador

Public transportation | Transporte público

announcement	el anuncio
arrival	la llegada
barrier	la barrera
bus	el autobús, el camión (MX), la guagua (PR)
bus stop	la parada de autobuses
compartment	el compartimiento
connection	el transbordo
departure	la salida
dining car	el vagón restaurante
exemption	la exención
fare	la tarifa
inspector	el inspector
luggage rack	portaequipajes
miss (the bus/train)	perder (el autobús/tren)
nonrefundable	sin devolución
(non)smoking car	el compartimiento de (no) fumadores
occupied	ocupado/a
on time	a tiempo
platform	el andén
porter	el maletero
punch (ticket)	perforar
railroad [railway]	la red ferroviaria
elevated railway	el ferrocarril elevado
ramp	la rampa
reduction	el descuento
reservation	la reserva (SP), la reservación (LA)
reserved	reservado/a
sleeper car	el coche-cama
smokers	los fumadores
stop	la parada
subway [underground]	el metro
subway station	la estación del metro
supplement	el suplemento

Getting Around Town　　Viajar por la ciudad

...ticket	el billete (SP)..., el boleto (LA)...
— first class	— de primera clase
— group	— de grupo
— one-way [single]	— de ida
— round-trip [return]	— de ida y vuelta
— second class	— de segunda
ticket collector	el revisor/la revisora
ticket office	la taquilla
timetable	el horario
▶ For numbers, see page 17	▶ Ver página 17 para consultar los números
timetable changes	los cambios de horario
track	la vía
traveler	el viajero
train	el tren
direct train	el tren directo
express train	el tren expreso
intercity train	el tren interurbano
local train	el tren local
train [rail] station	la estación de tren
train [rail] tracks	los raíles
trolley	el tranvía
warning	el aviso

"Where do I buy a ticket?" — "¿Dónde se compra el billete?"

"Can I buy a ticket on the bus/train?" — "¿Puedo comprar el billete a bordo del autobús/tren?"

"A one way/round trip ticket to..." — "Un billete de ida/ida y vuelta a..."

"How far is it?" — "¿A qué distancia está?"

"How much?" — "¿Cúanto es?"

"Two tickets please." — "Dos billetes (SP)/boletos (LA) por favor."

"Can I have a map?" — "¿Podría darme un mapa?"

35

Chapter 3
Shopping

Capítulo 3
Las compras

⤸ Speak Up
The shop assistant might say:

How can I help you?

What would you like?

Do you want anything in particular?

Can I help you find something?

Anything else?

Is that all?

Who's next?

How would you like to pay?

⤸ Hable
El asistente de compras puede decir:

¿En qué puedo servirle?

¿Qué desea?

¿Desea algo en concreto?

¿Le puedo ayudar a encontrar algo?

¿Algo más?

¿Es todo?

¿Quién sigue?

¿Cómo desea pagar?

⤸ Speak Up
The customer might say:

I'd like...

Do you have...?

How much is that?

I'd like to pay by...
- cash
- credit card
- (traveler's) check

▶ For numbers, see page 17

What time do you close?

Can I try it on?

Do you have the same in red?

I wear size... (clothes)

I wear size... (shoes)

It doesn't fit

⤸ Hable
El cliente puede dicir:

Quisiera...

¿Tienen...?

¿Cuánto cuesta eso?

Me gustaría pagar...
- en efectivo
- con tarjeta de crédito
- con cheques (de viaje) (SP)/(de viajero) (LA)

▶ Ver página 17 para consultar los números

¿A qué hora cierran?

¿Puedo probármelo/la?

¿Lo/La tienen en rojo?

Llevo la talla...

Calzo el...

No me queda bien.

It's too...	Me queda demasiado...
— big	— grande
— small	— pequeño/a
— short	— corto/a
— long	— largo/a
I'd like it (two sizes) bigger.	Lo/La quiero (dos tallas) más grande.
I'm next.	Me toca a mí.
That's not quite right.	No es del todo correcto.
What color?	¿De qué color?
Will it shrink?	¿Encogerá?
I'd like to exchange...	Me gustaría cambiar...
I like it.	Me gusta.
I'll take it.	Me lo/la llevo.

Clothing — Ropa

belt	el cinturón
bikini	el biquini
blouse	la blusa
boot	la bota
bra	el sostén, el corpiño (AR, UR), brassiere (LA)
cap	el gorro, la gorra (baseball type)
cardigan	la chaqueta de punto
clothes	la ropa
clothing	la ropa
coat	el abrigo
colorful	colorido/a
corduroy	la pana
dress	el vestido
elegant	elegante
embroidered	bordado/a
fashionable	de moda
glove	el guante
handkerchief	el pañuelo

hat	el sombrero
high heeled	de tacón alto
in fashion	de moda
jacket	la chaqueta
jeans	los vaqueros, los tejanos (LA), los pantalones de mezclilla (MX)
jewelry	las joyas
sweater [jumper]	el suéter
knitted	de punto
knitwear	los géneros de punto
ladies' wear	la ropa de señora
lingerie	la lencería
long	largo/a
long sleeved	de manga larga
loose	suelto/a
low heeled	con tacón bajo
matching	a juego
men's wear	la ropa de caballero
no iron	sin planchado
pair	el par
pajamas	el pijama
panties	las bragas (SP), las bombachas (AR, UR), las trusas (BO, PE), los calzones (MX), las pantaletas (VE)
parka [anorak]	el anorak
plain	sencillo/a
pure	puro/a
raincoat	el impermeable
sandals	las sandalias
scarf	la bufanda
shirt	la camisa
shoe	el zapato
shoelace	el cordón del zapato
short sleeved	de manga corta
size	la talla (*clothing*), el número (*shoes*)

skirt	la falda, la pollera (AR)
slip	la enagua, la combinación
small	pequeño/a
smart	elegante
sneakers	los zapatos deportivos
sock	el calcetín
soft	blando/a
stocking	la media
striped	de rayas
suit	el traje, el terno (CH, PE)
sweatshirt	la sudadera
swimming trunks	el bañador
swimsuit	el traje de baño, el bañador
synthetic	sintético/a
tie	la corbata
tight	ajustado/a
tights	las medias, los leotardos (SP)
too big	demasiado grande
too small	demasiado pequeño/a
sneakers [training shoes]	los zapatos deportivos
pants [trousers]	los pantalones
T-shirt	la camiseta
ugly	feo/a
umbrella	el paraguas
underpants	los calzoncillos
undershirt	la camiseta interior
underwear	la ropa interior
unfashionable	pasado de moda
velvet	el terciopelo
vest [waistcoat]	el chaleco

Toiletries and household goods

Artículos del baño y la casa

after shave	la loción para después del afeitado
antiperspirant	el antiperspirante
blush	el colorete

broom	la escoba
brush	el cepillo
comb	el peine
condom	el condón
cotton	el algodón
deodorant	el desodorante
dental floss	el hilo dental
dishwashing detergent	el detergente para el lavaplatos
dustpan	el recogedor
eyeliner	el lápiz de ojos
fabric softener	el suavizante para la ropa
face cream	la crema facial
glasses	las gafas
hairbrush	el cepillo para el pelo
laundry detergent	el detergente para la lavadora
lipstick	el lápiz labial
lotion	la loción
makeup	el maquillaje
mop	la fregona
nail file	la lima de uñas
paper towels	las toallas de papel
perfume	el perfume
razor	la maquinilla de afeitar
razor blade	la cuchilla de afeitar
rouge	el colorete
sanitary napkin	la compresa, la toalla sanitaria (MX, VE)
shampoo	el champú
shaving cream	la espuma de afeitado
soap	el jabón
spray	el aerosol
sunglasses	las gafas de sol
suntan lotion	el bronceador
talcum powder	(los polvos de) talco
tampon	el tampón
tissues	los pañuelos de papel
toilet water	el agua de colonia

Shopping	Las compras

toilet paper	el papel higiénico
toothbrush	el cepillo de dientes
toothpaste	la pasta dentífrica
tweezers	las pinzas
▶ For food, see page 63	▶ Ver página 63 para consultar la comida

School and office supplies

Artículos para la escuela y la oficina

answering machine	el contestador automático
calculator	la calculadora
cartridge	el cartucho
computer	el ordenador (SP), la computadora (LA)
crayon	el lápiz de colores
envelope	el sobre
eraser	la goma de borrar
highlighter	el resaltador
fax machine	el fax
folder	la carpeta
ink	la tinta
keyboard	el teclado
mouse	el ratón (SP), el mouse (LA)
mouse pad	la almohadilla para el ratón (SP), la almohadilla para el mouse (LA)
notebook	el cuaderno
notepad	la libreta
paper	el papel
pen	el bolígrafo
pencil	el lápiz
printer	la impresora
ruler	la regla
scanner	el escáner
scissors	las tijeras
stapler	la grapadora (SP), la corchetera (LA)

Shopping	Las compras
staples	las grapas
staple remover	el quitagrapas
telephone	el teléfono
toner	el tóner
copy machine	la fotocopiadora
▶ For technology, see page 93	▶ Ver página 93 para consultar la tecnología

Colors / Los colores

Colors	Los colores
light...	claro/a
dark...	oscuro/a
beige	beis
black	negro/a
blue	azul
brown	marrón
green	verde
gray	gris
orange	naranja (SP), anaranjado/a (LA)
pink	rosa
purple	morado/a
red	rojo/a
white	blanco/a
yellow	amarillo/a

Materials / Materiales

ℚ Speak Up / ℚ Hable

What's it made of?	¿De qué está hecho/a?
It's made of...	Está hecho/a de...

Materials	Materiales
acrylic	el acrílico
brick	el ladrillo
cashmere	la cachemira
china	la porcelana
concrete	el hormigón
cotton	el algodón
denim	la tela vaquera, la tela de mezclilla (MX)

glass	el cristal
gold	el oro
iron	el hierro
leather	el cuero
linen	el lino
metal	el metal
nylon	el nailon
paper	el papel
plastic	el plástico
polyester	el poliéster
satin	el raso
silk	la seda
silver	la plata
steel	el acero
stone	la piedra
velvet	el terciopelo
wood	la madera
wool	la lana

Describing and evaluating · Describir y evaluar

Q Speak Up · **Q Hable**

It's...	Esta...
Is it...?	¿Está...?
I want something...	Quiero algo...

bad	malo/a
beautiful	precioso/a
best	el/la mejor
better	mejor
cheap	barato/a
correct	correcto/a
delicate	delicado/a
delicious	delicioso/a
difficult	difícil
disgusting	asqueroso/a
easy	fácil

Shopping	Las compras
enough	bastante
excellent	excelente
expensive	caro/a
extremely	extremadamente
false	falso/a
fine	fino/a
(very) good	(muy) bueno/a
good value	a buen precio
great	estupendo/a
hard	duro/a
height	la altura
high	alto/a
(un)important	(no) importante
incorrect	incorrecto/a
(un)interesting	(no) interesante
large	grande
liquid	líquido/a
a little	un poco
little	pequeño/a
long	largo/a
a lot	mucho/a
low	bajo/a
material	material
moldy	enmohecido/a
(much) better	(mucho) mejor
narrow	estrecho/a
natural	natural
new	nuevo/a
out of date	pasado de moda
painted	pintado/a
pale	pálido/a
pattern	el diseño
patterned	modelado/a
quite	bastante
real	auténtico/a
resistant	resistente
rotten	podrido/a

shade	el tono
shiny	brillante
short	corto/a
small	pequeño/a
smooth	liso/a
soft (texture)	suave
solid	sólido/a
stain	la mancha
stained	manchado/a
stripe	la raya
striped	a rayas
thick	espeso/a
thing	la cosa
tint	el tinte
(too) good	(demasiado) bueno/a
very	muy
waterproof	impermeable
wet	mojado/a
wide	ancho/a
adore	adorar
cost	costar
detest	detestar
dislike	no gustar
enjoy	disfrutar
hate	odiar
look like	parecer
match	hacer juego

At the store
En la tienda

article	el artículo
assistant	el dependiente
bargain	la ganga
bill [note] *(money)*	el billete
business	el negocio
cash register [cash desk]	la caja registradora
change	el cambio

English	Español
cheap	barato/a
checkout	la caja
choice	la elección
closed	cerrado/a
coin	la moneda
credit	el crédito
credit card	la tarjeta de crédito
customer service	el servicio de atención al cliente
department	el departamento
discount	el descuento
elevator [lift]	el ascensor
entrance [way in]	la entrada
escalator	la escalera mecánica
exit [way out]	la salida
expensive [dear]	caro/a
fitting room	el probador
free	gratis
(free) gift	el regalo (gratuito)
handbag	el bolso
instructions for use	el modo de empleo
mail order	las compras por correo
manager	el gerente
market	el mercado
money	el dinero
open	abierto/a
opening hours	el horario de apertura
pull (door)	tirar, halar (Central America)
purse	el bolso de mano, el monedero (coin purse)
push (door)	empujar
quality	la calidad
receipt	el recibo
reduction	la reducción
refund	el reembolso
sale	las rebajas
salesperson	el vendedor
security guard	el guarda jurado

Shopping · Las compras

self service	autoservicio
shopkeeper	el tendero
shoplifter	el ladrón de tiendas
shopping	las compras
go shopping	ir de compras
shopping basket	la cesta de la compra
shopping cart	el carrito de la compra
shopping list	la lista de la compra
special offer	la oferta especial
stairs	las escaleras
traveler's check	el cheque de viaje (SP)/viajero (LA)
wallet	la cartera

Alterations and repairs · Arreglos y reparaciones

alter	arreglar
buckle	la hebilla
button	el botón
dry cleaners	la tintorería
dry cleaning	la limpieza en seco
heel	el tacón
hem	el dobladillo
hole	el agujero
iron [press]	planchar
knit	tejer
knitting needle	la aguja para tejer
material	el tejido
patch	el remiendo
pin	el alfiler
pocket	el bolsillo
repair/mend	remendar
sew	coser
stain	la mancha
tailor	el sastre
tailored	a medida
thread	el hilo
zipper	la cremallera

Chapter 4

Housing

Types of housing

apartment [flat]

apartment building [block of flats]
bungalow
chalet
detached house
hostel
house
penthouse
public housing

semidetached house

Housing and amenities

accommodation
(of) brick
build
builders' association
building
building plot
building site
camp
caretaker
comfortable
demolish
demolition
deteriorate
dilapidated
drab
to be empty
evict
fall down

Capítulo 4

La vivienda

Tipos de vivienda

el piso (SP), el apartamento (LA),
    el departamento (Cono Sur)
el bloque de pisos
el bungalow
el chalet
el chalet
el hostal
la casa
el ático
la vivienda de protección oficial
    (SP), la vivienda de interés
    social (MX), la vivienda subven-
    cionada por el estado
la casa adosada

Viviendas y amenidades

la vivienda
(de) ladrillo
construir
la sociedad constructora
el edificio
el solar (para construcción)
la obra
el campamento
el vigilante
confortable
demoler
la demolición
deteriorarse
ruinoso/a
monótono/a
estar vacío/a
desalojar
estar en ruinas

furnished	amueblado/a
garbage [refuse] collection	la recolección de basuras
have an addition built	hacer construir una ampliación
homeless	sin hogar
homelessness	la carencia de hogar
homey	cómodo/a
house	la casa
housing	la vivienda
housing shortage	la escasez de viviendas
inner city	el barrio céntrico de la ciudad
landlord	el propietario (de la casa)
lease	el arrendamiento
leased property	el inmueble arrendado
living conditions	las condiciones de vida
lodger	el huésped
maintain	mantener
modernize	modernizar
mortgage	la hipoteca
mortgage rate	el tipo de interés hipotecario
move (house)	mudarse
occupy	ocupar
overcrowded	atestado/a
overcrowding	la superpoblación
own	poseer
owner occupied	ocupado/a por el dueño
partly furnished	parcialmente amueblado/a
premises	el local
real estate agent	el agente inmobiliario (SP)/
	el agente de bienes raíces (LA)
redevelop	reconstruir
renovate	renovar
rent	el alquiler
rent [let]	alquilar
repair	reparar
repairs	las reparaciones
sewage disposal	la depuración de aguas residuales
shelter	el refugio

Housing / La vivienda

slum	el barrio bajo
(of) stone	(de) piedra
street light	la farola
suburb	el barrio periférico
take out a mortgage	obtener una hipoteca
tear down	derribar
tenancy	el alquiler de una propiedad
tenant	el inquilino
town planning	el urbanismo
unfurnished	sin amueblar
unfurnished rooms	las habitaciones sin muebles
urban	urbano/a
urban development	el desarrollo urbano
(of) wood	(de) madera

Length and shape / Longitud y forma

angle	el ángulo
area	el área
big	grande
center	el centro
concave	cóncavo/a
convex	convexo/a
curved	curvo/a
deep	profundo/a
degree	el grado
depth	la profundidad
diagonal	diagonal
distance	la distancia
height	la altura
high	alto/a
horizontal	horizontal
large	grande
length	la longitud
line	la línea
long	largo/a
low	bajo/a
measure	medir

50

narrow	estrecho/a
parallel	paralelo/a
perpendicular	perpendicular
point	el punto
room (space)	el espacio
round	redondo/a
ruler	la regla
shape	la forma
short	corto/a
size	el tamaño
small	pequeño/a
space	el espacio
straight	derecho/a
tall	alto/a
thick	grueso/a
thin	fino/a
wide	ancho/a
width	la anchura

Units of measurement — Unidades de medida

inch	la pulgada
foot	el pie
mile	la milla
yard	la yarda
square inch	la pulgada cuadrada
square foot	el pie cuadrada
square mile	la milla cuadrada
millimeter	milímetro
centimeter	centímetro
meter	metro
kilometer	kilómetro

Conversion tables — Tablas de conversión

one centimeter (cm)	un centímetro	= 0.4 inch
one meter (m)	un metro	= 3.28 feet
one kilometer (km)	un kilómetro	= 0.62 mile
one inch (in)	una pulgada	= 2.54 centimeter

one foot (ft)	un pie	= .3048 meter
one mile (mi)	una milla	= 1.61 kilometer
one yard	una yarda	= .9114 meter

Rooms | ## Habitaciones

attic	el ático
basement	el sótano
backdoor	la puerta trasera
bathroom [lavatory]	el cuarto de baño
bedroom	el dormitorio
cellar	la bodega
corridor	el pasillo
dining room	el comedor
hall(way)	el pasillo
landing	el rellano
kitchen	la cocina
living room	el salón
loft	el loft
lounge	la sala
shower	la ducha
study	el estudio
utility room	el cuarto de servicio
veranda	la galería

Household items | ## Artículos del hogar

⸂Speak Up | ### ⸂Hable

| Does the house have…? | ¿Tiene la casa…? |
| I need… | Necesito… |

antenna [aerial]	la antena
balcony	el balcón
baseboard	el rodapié
blind	la persiana
boiler	la caldera
burglar alarm	la alarma antirrobo
carpet	la alfombra
ceiling	el techo

chimney [smokestack]	la chimenea
central heating	la calefacción central
curtain	la cortina
desk	el escritorio
door	la puerta
doorhandle	el tirador de la puerta
doorknob	el pomo de la puerta
doormat	el felpudo, el tapete (MX, CO)
downstairs	en el piso de abajo
electric	eléctrico/a
electric plug	el enchufe
(electric) socket	la toma (de electricidad)
electricity	la electricidad
elevator [lift]	el ascensor
extension cord	el alargador (SPA), el cable de extensión (LA)
fire alarm	la alarma de incendios
fire extinguisher	el extintor de incendios
fireplace	la chimenea
floor	el suelo
floor (story)	el piso (SP), la planta (LA)
front door	la puerta de entrada
furniture	los muebles
item of furniture	el mueble
garage	el garaje
gas	el gas
glass *(material)*	el vidrio
ground floor	la planta baja
handle	la manivela
(on a jug)	el asa
(on a drawer)	el tirador
hearth	el hogar
included	incluido/a
key	la llave
keyhole	el ojo de la cerradura
lamp	la lámpara
lampshade	la pantalla de la lámpara

lever	la palanca
light	la luz
lightbulb	la bombilla, el bombillo (Central America, CO, VE)
lightswitch	el interruptor
lock	la cerradura
look onto	dar a
mailbox [letter-box]	el buzón
mantelpiece	la repisa de la chimenea
mat	la estera
mezzanine floor	el entresuelo
own	propio/a
passage	el callejón
radiator	el radiador
roof	el tejado
room	la habitación
shelf	el estante
shutter	la contraventana
situation	el emplazamiento
skylight	el tragaluz
staircase	la escalera
stairs	las escaleras
step	el peldaño
terrace	la terraza
tile (floor)	la baldosa
roof tile	la teja
toilet	el inodoro
trashcan/dustbin	el cubo/balde/bote de la basura
upstairs	en el piso de arriba
view	la vista
wall	el muro
inside wall	la pared
partition wall	el tabique
garden wall	la tapia
wastepaper basket/litter bin	la papelera
water	el agua (f)
window	la ventana

Housing	La vivienda
windowsill	el alféizar
wire	el alambre
wiring	el alambrado
with bath	con baño

⌕Speak Up

Is the house/apartment [flat]...?

▶ *For when to use es or está, see page 156*

⌕Hable

¿Es/Está la casa/el piso...?

clean	limpio/a
comfortable	cómodo/a
cozy	acogedor/a
dirty	sucio/a
furnished	amueblado/a
modern	moderno/a
new	nuevo/a
nice	bonito/a
old	viejo/a
on the first floor	en el primer piso
small	pequeño/a
spacious	amplio/a

Furniture / Muebles

armchair	el sillón
ashtray	el cenicero
bookcase [bookshelf]	la estantería
bureau	el escritorio
closet [cupboard]	el armario
coffee table	la mesita auxiliar
cushion	el cojín
easy chair	la butaca
picture	el cuadro
picture *(portrait)*	el retrato
photo	la foto(grafía)
poster	el póster
rocking chair	la mecedora

Housing	La vivienda
rug	la alfombrilla
sofa	el sofá

Kitchen	La cocina
bottle opener	el abrebotellas
bowl	el bol
breakfast	el desayuno
clothesline	la cuerda de tender
clothespin	la pinza
coffee machine	la cafetera
coffeepot	la cafetera
colander	el colador
crockery	la vajilla
cup	la taza
cupboard	el armario
cutlery	los cubiertos
dinner [supper]	la cena
dish	el plato
dishwasher	el lavaplatos
dishes (to be washed)	los platos (para lavar)
dishtowel	el paño de cocina
dishwashing detergent	el detergente para lavar los platos
drying rack [draining board]	el escurreplatos
faucet [tap]	el grifo (SP), la llave (LA)
fork	el tenedor
frying pan	la sartén
garbage [rubbish]	la basura
garbage can [rubbish bin]	el cubo de la basura
glass	el vaso
knife	el cuchillo
oven	el horno
plate	el plato
saucepan	el cazo
saucer	el platillo
scouring pad	el estropajo
sink	la pila
spoon	la cuchara

Housing	La vivienda
stove [gas cooker]	la cocina de gas
teapot	la tetera
tea towel	el paño de cocina
tray	la bandeja
washing powder	el jabón en polvo

Dining room	El comedor
candle	la vela
candlestick	el candelero
chair	la silla
chandelier	el candelero
napkin	la servilleta
sideboard	el aparador
table	la mesa
tablecloth	el mantel

Bedroom	La habitación
alarm clock	el despertador
bed	la cama
bunk bed	la litera
double bed	la cama doble
queen bed	la cama de tamaño "queen"
king bed	la cama de matrimonio (SP), la cama de tamaño "king"
bedding	la ropa de cama
bedside table	la mesita de noche
bedspread	el cubrecama
blanket	la manta, la cobija (LA)
chest of drawers	la cómoda
dressing table	el tocador
duvet	el edredón
mattress	el colchón
pillow	la almohada
quilt	la colcha
sheet	la sábana
sleep	el sueño
sleep	dormir

wardrobe	el guardarropa

Bathroom	**El baño**
bath	el baño
bathmat	la estera de baño
bidet	el bidet
clean	limpio/a
conditioner	acondicionador
daily routine	la rutina diaria
hairbrush	el cepillo para el pelo
laundry basket	el cesto de la ropa sucia
mirror	el espejo
nailbrush	el cepillo para las uñas
plug	el tapón
scale	la báscula
shampoo	el champú
shower	la ducha, la regadera (MX)
sink	el lavabo
soap	el jabón
toilet	el inodoro
toilet paper	el papel higiénico
toothbrush	el cepillo de dientes
toothpaste	la pasta dentífrica
towel	la toalla
towel rack	el toallero

Electrical goods	**Artículos eléctricos**
appliance	el electrodoméstico
cable box	la caja de cable
CD burner	el grabador de discos compactos
CD player	el reproductor de discos compactos
clothes dryer	la secadora
computer	el ordenador (SP), la computadora (LA)
dishwasher	el lavaplatos
DVD player	el reproductor de DVD

electric razor	la afeitadora eléctrica
freezer	el congelador
iron	la plancha
microwave oven	el horno de microondas
mixer	la batidora
record player	el tocadiscos
refrigerator [fridge]	la nevera (SP), el frigorífico (LA)
stereo	el equipo de sonido
stove	la cocina eléctrica
tape player	el reproductor de casetes
tape recorder	la grabadora
TV set	el televisor
vacuum cleaner	la aspiradora
VCR	la grabadora de videos
washing machine	la lavadora
▶ For technology, see page 93	▶ Ver página 93 para consultar la tecnología

Pets and farm animals
Mascotas y animales de granja

bird	el pájaro
cat	el gato
chicken	el pollo
cow	la vaca
dog	el perro
duck	el pato
fish	el pez
gerbil	el jerbo
goat	la cabra
guinea pig	la cobaya
hamster	el hámster
horse	el caballo
lamb	el cordero
pig	el cerdo
rabbit	el conejo
sheep	la oveja
turtle	la tortuga

Actions around the house | Acciones domésticas

allow	permitir
bathe	bañarse
break	romper
bring	traer
build	construir
buy	comprar
call (on the telephone)	llamar (por teléfono)
carry	llevar
change (clothes)	cambiarse (de ropa)
chat	charlar
clean	limpiar
clear away	recoger
clear the table	quitar la mesa
close	cerrar
cook	cocinar
dig	cavar
do	hacer
drink	beber
drop	dejar caer
dry (dishes)	secar (los platos)
dust	quitar el polvo
eat	comer
empty	vaciar
fasten	abrochar
fill	llenar
get dressed	vestirse
get undressed	desnudarse
get up	levantarse
go to bed	acostarse
go to sleep	dormirse
go to the toilet	ir al baño
have a snack	merendar
have breakfast	desayunar
have lunch	comer (SP), almorzar (LA)
have tea	tomar el té
heat	calentar

iron	planchar
knit	tejer
live	vivir
lock	cerrar con llave
make	hacer
mop (the floor)	fregar (el suelo)
polish	sacar brillo
prepare	preparar
rent [hire]	alquilar
rest	descansar
ring the doorbell	tocar el timbre
scrub	fregar
set the table	poner la mesa
sew	coser
shine	abrillantar
shop	comprar
shower	ducharse
sit	sentarse
sit down	sentarse
sleep	dormir
speak	hablar
stand	estar de pie
stand up	levantarse
start	comenzar
stop	detenerse
sweep	barrer
take	tomar
take a bath	bañarse
throw away	tirar
tidy	arreglar
tie	atar
trim	arreglar
turn off	apagar
turn on	encender
use	usar
vacuum	pasar la aspiradora por
wake up	despertarse

Housing | La vivienda

wallpaper	empapelar
wash	lavarse
wash the dishes	lavar los platos
watch TV	ver la televisión
water	regar
wear	llevar

ℚ Speak Up
The tenant might say:

Are utilities included?

What is the rent?
Am I allowed to have pets?
Am I allowed to sublet?
When is rent due?

How many bedrooms are there?
I'm looking for a...bedroom
   apartment/house.
I'd like to live near...
▶ For numbers, see page 17

ℚ Hable
El inquilino puede decir:

¿Se incluyen los servicios
   públicos?
¿Cuánto es el alquiler?
¿Se permiten las mascotas?
¿Se permite subarrendar?
¿Cuándo hay que pagar el
   alquiler?
¿Cuántas habitaciones tiene?
Busco una casa/un apartamento
   de...habitaciones.
Deseo vivir cerca de...
▶ Ver página 17 para consultar
   los números

ℚ Speak Up
The landlord might say:

Can you move in...?
The rent is due on...
Utilities are (not) included.

▶ For days & dates, see page 15

ℚ Hable
El propietario puede
decir:

¿Puede mudarse para...?
El alquiler hay que pagarlo el...
Los servicios públicos (no) están
   incluidos.

▶ Ver página 15 para consultar
   los días y las fechas

Chapter 5
Food

Meals and courses

appetizer [starter]
breakfast
course
dessert
dine
dinner
eat
    eat a snack
    eat breakfast
    eat dinner
    eat lunch
lunch
main dish
meal
snack
supper

Eating out

(add up) the bill
bottle
bowl
charge
cheap
check [bill]
choose
cost
cup
decide
drink
glass
expensive
first course
fixed price
fork
inclusive

Capítulo 5
La comida

Comidas y platos

el entremés
el desayuno
el plato
el postre
comer
la cena
comer
    tomar un aperitivo
    desayunar
    cenar
    comer (SP), almorzar (LA)
la comida (SP), el almuerzo (LA)
el plato principal
la comida
el aperitivo
la cena

Comer fuera

(calcular) la cuenta
la botella
el bol
el precio
barato/a
la cuenta
elegir
costar
la taza
decidir
beber
el vaso
caro/a
el primer plato
el precio fijo
el tenedor
incluido/a

knife	el cuchillo
main course	el plato principal
menu	la carta (SP), el menú
menu of the day	el menú del día
napkin	la servilleta
order	pedir
order	la orden
place setting	el cubierto
plate	el plato
portion	la porción
refreshments	los refrescos
reservation	la reserva (SP), la reservación (LA)
serve	servir
service	el servicio
set menu [prix fixe menu]	el menú prefijado
side dish	el acompañamiento
sip	el sorbo
spoon	la cuchara
straw	la pajita
table	la mesa
tablecloth	el mantel
teaspoon	la cucharita
gratuity, tip *(coll.)*	la propina
tip	dar propina
toothpick	el palillo de dientes
tourist menu	el menú turístico
tray	la bandeja
waiter	el camarero, el mesero (Central America, BO, CO, CH, EC, MX)
waitress	la camarera, la mesera (Central America, BO, CO, CH, EC, MX)
wine list	la carta de vinos
wine tasting	la cata de vinos
wineglass	la copa de vino

Food	La comida

Restaurants / Restaurantes

⌕ Speak Up	⌕ Hable
I'm...	Soy...
— diabetic	— diabético/a
— lactose intolerant	— alérgico/a a la lactosa
— vegetarian	— vegetariano/a
I'm allergic to...	Soy alérgico/a a...
I can't eat...	No puedo comer...
— dairy	— productos lácteos
— gluten	— gluten
— nuts	— frutos secos
— pork	— carne de cerdo
— shellfish	— marisco
— spicy foods	— comidas picantes
— wheat	— trigo
Is it halal/kosher?	¿Es halal/kosher?

bar	el bar
bartender	el barman
beer hall	la cervecería
café	el café
cafeteria	la cafetería
canteen	la cantina
coffee shop	la cafetería
counter (at bar)	la barra
ice cream parlor	la heladería
pizza parlor	la pizzería
pub	el pub
restaurant	el restaurante
self-service	el autoservicio
snack bar	el snack-bar
stall	el puesto
take out [take-away]	para llevar

tavern | la taberna
wine cellar | la bodega

Food and drink | ## Comidas y bebidas

⌲Speak Up | ### ⌲Hable

I'd like…	Quiero…
I'll have…	Tomaré…
With…/Without…	Con…/Sin…
Does it come with…?	¿Viene con…?
May I have…instead of…?	¿Puedo tomar…en lugar de…?
Is it…?	¿Es…?

alcoholic | alcohólico/a
aperitif | el aperitivo
beer | la cerveza
biscuits | las galletas
brandy | el coñac
bread | el pan
butter | la mantequilla
cakes | los pasteles
carrots | las zanahorias
cereal | los cereales
champagne | el champán
cider | la sidra
cocktail | el cóctel
coffee | el café
cola | la cola
custard | las natillas
draught beer | la cerveza de barril
drink | la bebida
dry | seco/a
fish | el pescado
fruit | la fruta
hot chocolate | el chocolate caliente
jam | la mermelada

juice	el zumo (SP), el jugo (LA)
lemonade	la limonada
loaf of bread	la barra de pan
macaroni	los macarrones
margarine	la margarina
marmalade	la mermelada
mayonnaise	la mayonesa
milk	la leche
milk shake	el batido
mineral water	el agua mineral
mustard	la mostaza
non-alcoholic	sin alcohol
oil	el aceite
olive oil	el aceite de oliva
canola oil	el aceite de colza
vegetable oil	el aceite vegetal
corn oil	el aceite de maíz
sunflower oil	el aceite de girasol
peanut oil	el aceite de cacahuete/ de maní (LA)
orange (soda)	la naranjada
pasta	la pasta
peanut butter	la mantequilla de cacahuete/de maní (LA)
pepper (black)	la pimienta
pudding	el pudin
salt	la sal
sandwich	el sándwich
sauce	la salsa
sherry	el jerez
soup	la sopa
spaghetti	los espagueti
sparkling	espumoso/a
spirits	los licores
sugar	el azúcar
tea	el té

Food | La comida

tea bag	la bolsita de té
tortilla	la tortilla
vinegar	el vinagre
water	el agua
noncarbonated [still] water	el agua sin gas
sparkling water	el agua con gas
whisky	el whisky
(red/white) wine	el vino (tinto/blanco)
with ice	con hielo

Fish and seafood | Pescados y mariscos

anchovy	la anchoa
clam	la almeja
cockles	los berberechos
cod	el bacalao
crab	el cangrejo
crayfish	el cangrejo de río
eel	la anguila
fish	el pescado
flounder	la patija
hake	la merluza
herring	el arenque
lobster	la langosta
mussel	el mejillón
octopus	el pulpo
oyster	la ostra
prawn	la cigala
salmon	el salmón
sardine	la sardina
scallop	la vieira
seafood	el marisco
shell	el caparazón
shellfish	los mariscos
shrimp	la gamba (SP), el camarón (LA)
snails	los caracoles
sole	el lenguado

Food	La comida
squid	el calamar
swordfish	el pez espada
trout	la trucha
tuna	el atún
whitebait	el chanquete

Meat	Carnes
bacon	el tocino
beef	la carne de vaca
bolognese	boloñesa
casserole	el guisado
chop	la chuleta
cutlet	la chuleta
ham	el jamón
hamburger	la hamburguesa
hot dog	el perrito caliente, el pancho (AR), el hot dog (MX)
kid	el cabrito
kidney	los riñones
lamb	el cordero
liver	el hígado
meat	la carne
meatballs	las albóndigas
minced meat	la carne picada
mixed grill	la parrillada mixta
mutton	la carne de cordero
paté	el paté
pork	la carne de cerdo
rabbit	el conejo
salami	el salchichón
sausage	la salchicha
sirloin	el solomillo
steak	el filete
stew	el estofado
veal	la (carne de) ternera
wild boar	el jabalí

Food | La comida

Poultry and game | Aves y animales de caza

capon	el capón
chicken	el pollo
chicken breast	la pechuga de pollo
duck	el pato
goose	el ganso
partridge	la perdiz
pheasant	el faisán
poultry	la carne de ave
quail	la codorniz
turkey	el pavo
woodcock	la becada

Vegetables and sides | Verduras y guarniciones

artichoke	la alcachofa
asparagus	el espárrago
avocado	el aguacate
baked beans	las judías cocidas (SP), los frijoles cocidos (LA)
beans	las judías (SP), los frijoles (LA)
beets	la remolacha
broccoli	el brécol
Brussels sprout	la col de Bruselas
cabbage	la col
carrot	la zanahoria
cauliflower	la coliflor
celery	el apio
chickpea	el garbanzo
corn [maize]	el maíz
corn on the cob	la mazorca
cucumber	el pepino
eggplant [aubergine]	la berenjena
endive [chicory]	la endivia
French bean	la judía verde
French fries [chips]	las patatas fritas (SP), las papas

Food   La comida

	fritas (LA)
garlic	el ajo
green bean	la alubia
herb	la hierba aromática
leek	el puerro
lentil	la lenteja
lettuce	la lechuga
mushroom	el champiñón
onion	la cebolla
parsley	el perejil
parsnip	la chirivía,
pea	el guisante (SP), la arveja (LA)
pepper (red/green)	el pimiento (verde/rojo)
pickle [gherkin]	el pepinillo
potato	la patata (SP), la papa (LA)
pumpkin	la calabaza
radish	el rábano
rice	el arroz
salad	la ensalada
spinach	la espinaca
tomato	el tomate
turnip	el nabo
vegetable	la verdura
watercress	el berro
zucchini [courgette]	el calabacín

Fruit and nuts   Frutas y nueces

apple	la manzana
apricot	el albaricoque
banana	el plátano (SP, LA), la banana/ el banano (LA)
berry	la baya
blackberry	la zarzamora
blackcurrant	la grosella
brazil nut	la nuez de Brasil
(bunch of) grapes	(el racimo de) uvas

Food	La comida
cherry	la cereza
chestnut	la castaña
coconut	el coco
cranberry	el arándano
currant	la pasa de Corinto
date	el dátil
fig	el higo
fruit	la fruta
gooseberry	la grosella espinosa
grape	la uva
grapefruit	el pomelo (SP), la toronja (LA)
hazelnut	la avellana
kiwi	el kiwi
lemon	el limón
lime	la lima
mango	el mango
melon	el melón
nut	la nuez
olive	la aceituna
orange	la naranja
papaya	la papaya
passion fruit	la fruta de la pasión
peach	el melocotón (SP, Caribbean), el durazno (SA)
peanut	el cacahuete, el maní (LA)
pear	la pera
peel	la piel
piece of fruit	una fruta
pineapple	la piña
plum	la ciruela
pomegranate	la granada
prune	la ciruela seca
raisin	la pasa
raspberry	la frambuesa
red currant	la grosella roja
rhubarb	el ruibarbo

Food	La comida
seed	la pepita
pit [stone]	el hueso
strawberry	la fresa
tangerine	la mandarina
walnut	la nuez

Dessert — Postres

cookie [biscuit]	la galleta
cake	el pastel
caramel	el caramelo
chocolate	el chocolate
candies [sweets]	los bombones
cream	la nata
custard	las natillas
dessert	el postre
flan	el flan
fresh fruit	la fruta fresca
fruit salad	la macedonia
ice cream	el helado
mousse	la mousse
pancake	la tortita (SP), el panqueque (LA)
pastry	la pastita
pie	el pastel
pudding	el pudin
seasonal fruit	la fruta de temporada
sweet	dulce
tart	la tartita
trifle	la trufa
vanilla	la vainilla
whipped cream	la nata batida
yogurt	el yogur

Food preparation — Preparación de comidas

bake	hornear
baked	al horno
barbecue	la barbacoa

Food · La comida

Food	La comida
beat	batir
beaten	batido/a
boil	hervir
boiled	hervido/a
bone	el hueso *(meat)*, la espina *(fish)*
boned	deshuesado
boned (fish)	sin espinas
(de)bone	deshuesar
braise	brasear
braised	braseado/a
breaded	empanado/a
breast	la pechuga
carve	trinchar
chop	trocear
clear the table	quitar la mesa
cook	cocinar
cooking (cuisine)	la cocina
cut	cortar
dice	cortar en cubitos
dough	la masa
dry	secar
egg	el huevo
flour	la harina
fried	frito/a
fry	freír
grate	rallar
grated	rallado/a
gravy	la salsa de carne
grill	asar (a la parrilla)
grilled	asado/a (a la parrilla)
ingredient	el ingrediente
large	grande
marinate	adobar
marinated	adobado/a
medium	en su punto
milk	la leche

Food	La comida
mix	mezclar
mixed	mezclado/a
oil	el aceite
olive oil	el aceite de oliva
pastry	la pasta
peel	pelar
peeled	pelado/a
pour	verter
rare	poco hecho/a
recipe	la receta
roast	el asado
roast	asar al horno
(in) sauce	(en) salsa
set the table	poner la mesa
sift	tamizar
slice	cortar en rodajas
sliced	en rodajas
spread	untar
stewed	estofado/a
toast	tostar
toasted	tostado/a
wash up	lavar
weigh	pesar
well-done	muy hecho/a
whip	batir
whipped	batido/a
whisk	batir
whisked	batido/a

Temperature / Temperatura

Temperature	Temperatura
chill	enfriar
cold	el frío
cold (adj)	frío/a
cool	fresco/a
cool it down	enfriarlo
degree	el grado

...degrees Fahrenheit/Centigrade   ...grados fahrenheit/centígrados

▶ For numbers, see page 17   ▶ Ver página 17 para consultar los números

freeze	congelar
heat	el calor
heat	calentar
hot	caliente
temperature	la temperatura
warm it (up)	calentarlo/a
warmth	el calor

Eating   Comer

⌥ Speak Up   ⌥ Hable

The food is...   La comida es/está...

▶ For when to use es or está, see page 156

appetizing	apetitoso/a
bad	malo/a
bitter	amargo/a
low-calorie	bajo/a en calorías
cold	frío/a
delicious	delicioso/a
fatty	graso/a
fresh	fresco/a
healthy (food)	saludable
hot	picante
mild	suave
rancid (cheese)	rancio
salty	salado/a
sharp	ácido/a
soft	blando/a
spicy	picante
stale (bread)	duro
strong	fuerte

Food | La comida

tasty	sabroso/a
vegan	vegetariano/a estricto/a
vegetarian	vegetariano/a
additive	el aditivo
to be hungry	tener hambre
to be thirsty	tener sed
appetite	el apetito
bite	morder
calorie	la caloría
chew	masticar
diet	la dieta
to be on a diet	estar a dieta
healthy *(appetite)*	sano
help oneself	servirse
hunger	el hambre
hungry	hambriento/a
like	gustar
offer	ofrecer
pass *(salt, etc.)*	pasar *(la sal, etc.)*
piece	el trozo
pour	verter
provide	proporcionar
serve	servir
slice	la rebanada
smell	oler
swallow	tragar
thirst	la sed
thirsty	sediento/a
try	probar

Amounts | Cantidades

bag	la bolsa
bar	la barra
bottle	la botella
box	la caja

Food / La comida

Food	La comida
centiliter	el centilitro
container	el recipiente
cup	la taza
dense	denso/a
density	la densidad
gallon	el galón
glass	el vaso
gram	el gramo
heavy	pesado/a
kilo	el kilo
light	ligero/a
liter	el litro
mass	la masa
milliliter	el mililitro
ounce	la onza
pack	el paquete
pair	el par
piece	la pieza
a piece of cake	una porción de tarta
pint	la pinta
portion	la porción
pot	la olla
pound	la libra
sack	el saco
scale	la balanza
ton	la tonelada
tube	el tubo
weight	el peso
weigh	pesar

Expressions / Expresiones

⟲ Speak Up / ⟲ Hable

The server: / **El camarero:**

Are you ready to order?
¿Está listo/a para ordenar?

Would you like to hear the specials?
¿Desea escuchar los especiales?

How would you like that cooked?	¿Cómo lo quiere cocinado?
Can I get you anything else?	¿Le puedo traer algo más?

ᏅSpeak Up

The diner:

A table for..., please.

May I have a menu?

May I have the check [bill] please?

▶ *For numbers, see page 17*

Can we sit...?

— here/there

— outside

— in a non-smoking area

— by the window

Where's the restroom [toilet]?

ᏅHable

El comensal:

¿Me puede dar un menú?

¿Me trae la cuenta por favor?

Una mesa para..., por favor.

▶ *Ver página 17 para consultar los números*

¿Podemos sentarnos...?

— aquí/allí

— fuera

— en una zona de no fumadores

— al lado de la ventana

¿Dónde estan los servicios?

Chapter 6

Work

Job application

Q Speak Up

The applicant:

Here's my resume
I am a...citizen.
What are the hours?
Are there benefits?
I'm looking for a job as a...
I'm responding to the ad in...

My salary range is...
I can start...

The employer:

You get paid every other Friday.
▶ *For days, see page 15*

How much experience do you have?
Can you come in for a second interview?
I'm advertising for...
▶ *For occupations, see page 90*

advertisement
apply for a job
classified ad(vertisement)
curriculum vitae
discrimination
   racial discrimination
   sexual discrimination
employment agency

Capítulo 6

El trabajo

La solicitud de trabajo

Q Hable

El solicitante:

Aquí tiene mi currículum.
Soy ciudadano de...
¿Cuál es el horario?
¿Hay prestaciones?
Busco un trabajo como...
Respondo a la oferta de trabajo en...
Mi rango salarial es...
Puedo empezar...

El empleador:

Se cobra cada dos viernes.
▶ *Ver página 15 para consultar los días*
¿Cuánta experiencia tiene?

¿Puede venir para una segunda entrevista?
Tengo una oferta para...
▶ *Ver página 90 por los profesiones*

el anuncio de trabajo
solicitar un trabajo
los avisos clasificados
el currículum vitae
la discriminación
   la discriminación racial
   la discriminación sexual
la agencia de trabajo

Work	El trabajo
employment office	la oficina de empleo
find a job	encontrar un trabajo
interesting	interesante
interview	la entrevista
interview	entrevistar
job application	la solicitud de trabajo
job description	la descripción del trabajo
to be laid off	ser despedido
look for	buscar
promote (someone)	ascender (a alguien)
to be promoted	ser ascendido
promotion	la promoción
qualification	la titulación
qualified	cualificado/a
openings	los puestos vacantes
start work (for)	empezar a trabajar (para)
take on (*employee*)	emplear
vacancy	una vacante
work experience	la experiencia laboral

Pay and conditions — Paga y condiciones

apprentice	el aprendiz
benefits	las prestaciones
bonus	la prima
clock in/out	fichar a la entrada/salida
commission	la comisión
on commission	a comisión
company car	el coche de la empresa
consultant	el asesor
contract	el contrato
to be employed	tener trabajo
expenses	los gastos
expense account	la cuenta de gastos
fire	despedir
fired	despedido/a
flextime	la jornada flexible

Work	El trabajo
freelance	autónomo/a
work as freelance	trabajar de autónomo
full-time	la jornada completa
income	los ingresos (*pl*)
lay off	despedir
layoffs	despidos
maternity leave	la licencia por maternidad
overtime	las horas extraordinarias (*pl*)
overworked	el exceso de trabajo
part-time	la jornada a tiempo parcial
paternity leave	la licencia por paternidad
payday	el día de pago
payslip	la nómina
pay raise	el aumento salarial
payroll	las nóminas
pension	la pensión
perk	los beneficios adicionales
permanent	permanente
probation	el período de prueba
resign	dimitir
retire	jubilarse
retirement	la jubilación
salary	el salario
self-employed	autónomo/a
severance pay	indemnización por despido
sexual harassment	el acoso sexual
shift	el turno
day shift	el turno de día
night shift	el turno de noche
sick time	la licencia por enfermedad
temporary	temporal
travel	viajar
trial period	el período de prueba
vacation time	la licencia por vacaciones
working hours	las horas laborales
wages	el salario

Economics / Economía

administer	administrar
agree (to do)	aceptar (hacer)
agreement	el acuerdo
bureaucracy	la burocracia
business	los negocios
a business	un negocio
capacity (*industrial*)	la capacidad
commerce	el comercio
commercial	comercial
company	la empresa
deal	el trato
deliver	suministrar
demand	la demanda
development	el desarrollo
employ	emplear
employment	el empleo
executive	el ejecutivo
export	exportar
exports	las exportaciones
decline	la caída
goods	los bienes
grow	crecer
import	importar
increase	incrementar
industry	la industria
invest	invertir
investment	la inversión
layoffs	los despidos
standard of living	el nivel de vida
manage	gestionar
management	la gestión
multinational	la multinacional
negotiate	negociar
(face-to-face) negotiations	las negociaciones (cara a cara)
priority	la prioridad

Work	El trabajo
produce	producir
producer	el productor
production line	la línea de producción
productivity	la productividad
quality	la calidad
raise (prices)	subir
rise	el aumento
pay raise	el aumento salarial
reliability	la fiabilidad
services	los servicios
set (priorities)	establecer
sign (contracts)	firmar
skilled labor	el trabajo especializado
social welfare	el bienestar social
supplier	el proveedor
supply	el suministro
tax	el impuesto
tax	gravar
unemployment	el desempleo
unemployment benefit	el subsidio de desempleo
unskilled labor	el trabajo no especializado
work ethic	la ética laboral
work week	la semana laboral

Labor disputes	Conflictos laborales
boycott	boicotear
cross the picket line	cruzar la línea de piquetes
demonstration	la manifestación
dispute	el conflicto
industrial dispute	el conflicto industrial
labor dispute	el conflicto laboral
lock out	cerrar
lockout	el cierre
minimum wage	el salario mínimo
picket	hacer piquete
picket	el piquete

Work	El trabajo
productivity bonus	la prima de productividad
resume work	reanudar el trabajo
settlement	el acuerdo
slow down	reducir el ritmo de trabajo
stoppage	la suspensión
to be on strike	estar en huelga
to be a strike breaker	trabajar durante una huelga
strike	la huelga
unofficial strike	la huelga no autorizada
strike	hacer huelga
strike ballot	la votación de la huelga
strikebreaker	el esquirol
striker	el huelguista
trade union	el sindicato
trade unionist	el sindicalista
unfair dismissal	el despido injustificado
unionize	sindicarse
unionized labor	los trabajadores sindicados
unrest	el descontento
wage demand	la demanda salarial
workers' unrest	el descontento laboral
work by the book	trabajar al pie de la letra

At the office   En la oficina

business lunch	la comida de negocios
business meeting	la reunión de negocios
cafeteria	cafetería
computer	el ordenador (SP), la computadora (LA)
conference call	la conferencia telefónica
conference room	la sala de conferencias
correction fluid (white-out®)	el líquido corrector
cubicle	el cubículo
desk	el escritorio
e-mail	el correo electrónico
extension	la extensión (SP), el interno (LA)

Work	El trabajo
fax	enviar un fax
fax machine	la máquina de fax
file	el archivo
file	archivar
filing cabinet	el archivador
intercom	el interfono
pen	el bolígrafo
pencil	el lápiz
photocopier	la fotocopiadora
photocopy	la fotocopia
photocopy	fotocopiar
reception	la recepción
receptionist	el recepcionista
shorthand	la taquigrafía
supply cabinet	el armario de material de oficina
swivel chair	la silla giratoria
telephone	el teléfono
type	teclear
wastebasket	el cesto de papeles
word processor	el procesador de textos
workstation	la estación de trabajo

In the factory and on site	En la fábrica y en el lugar de trabajo
automation	la automatización
blue-collar worker	los obreros
build	construir
bulldozer	la excavadora
auto(mobile) industry	la industria automotriz
component	el componente
concrete	el hormigón
construction industry	la industria de la construcción
crane	la grúa
forklift truck	la carretilla elevadora
forge	forjar
industry	la industria

Work / El trabajo

heavy industry	la industria pesada
light industry	la industria ligera
manufacture	fabricar
manufacturing	la fabricación
mass production	la producción en masa
mining	la minería
power industry	la industria eléctrica
precision tool	el instrumento de precisión
prefabricated	prefabricado/a
process	el proceso
process	procesar
product	el producto
(on) the production line	(en) la línea de producción
raw materials	las materias primas
robot	el robot
scaffolding	el andamio
shipbuilding	la construcción naval
steamroller	la apisonadora
steel smelting	la fundición del acero
textile industry	la industria textil

Finance / Finanzas

account	la cuenta
advertise	anunciar
advertisement	el aviso
advertising	la publicidad
advertising agency	la agencia de publicidad
audit	la auditoría
bill	la factura
board	la junta
bond	el bono
branch (of company)	la sucursal
budget	el presupuesto
capital	el capital
capital expenditure	los gastos de inversión
chamber of commerce	la cámara de comercio

Work	El trabajo
collateral	la garantía
company	la empresa
competition	la competencia (SP), la competición (LA)
consumer goods	los bienes de consumo
consumer spending	los gastos de consumo
cost of living	el coste de la vida
costing	la estimación
costs	los costes
credit	el crédito
debit	el débito
deflation	la deflación
economic	económico/a
economy	la economía
efficiency	la eficiencia
free trade	el mercado libre
funds	los fondos
government spending	el gasto público
income	los ingresos
income tax	el impuesto sobre la renta
inflation	la inflación
installment	el plazo
interest rate	el tipo de interés
investment	la inversión
invoice	la factura
labor costs	los costos laborales
liability	la responsabilidad
manufacturing industry	la industria de fabricación
market	el mercado
market economy	la economía de mercado
marketing	el mercadeo
merchandise	la mercancía
merge	la fusión
merger	fusionar
national debt	la deuda nacional
nationalize	nacionalizar

Work	El trabajo
notice	el aviso
output	la producción
pay	el pago
price	el precio
private sector	el sector privado
privatize	privatizar
product	el producto
production	la producción
profit	el beneficio
public sector	el sector público
quota	la cuota
real estate [realty]	la propiedad inmobiliaria (SP), los bienes raíces (LA)
retail sales	las ventas al por menor
sales tax	el impuesto sobre ventas
service sector	el sector de servicios
share	la acción
shares going up	la subida de las acciones
shares going down	la bajada de las acciones
share index	el índice de la bolsa
statistics	las estadísticas
stock exchange	la bolsa de valores
subsidy	el subsidio
supply and demand	la oferta y la demanda
supply costs	los costos de suministro
takeover	la apropiación
tariff	el arancel
tax	gravar impuestos
tax	el impuesto
tax increase	la subida de impuestos
taxation	la imposición
taxation level	el nivel de imposición
turnover	la facturación
sales tax [VAT]	el IVA (impuesto sobre el valor añadido)
wages	el salario

Occupations

Profesiones

꩜Speak Up

What do you do?
I'm a...
I work for...

꩜Hable

¿A qué se dedica?
Soy...
Trabajo para...

accountant	el/la contable (SP), el contador/ la contadora (LA)
actor	el actor, la actriz
actuary	el/la actuario
artist	el/la artista
banker	el banquero
broker	el agente de negocios
builder	el/la constructor(a)
businessperson	el hombre/la mujer de negocios
computer programmer	el programador/la programadora de ordenadores (SP)/ de computadoras (LA)
cook	el cocinero/la cocinera
dentist	el/la dentista
doctor	el médico/la médica
engineer	el ingeniero/la ingeniera
firefighter	el bombero/la bombera
flight attendant	el/la asistente de vuelo
hairdresser	el peluquero/la peluquera
insurance agent	el agente de seguros
interpreter	el/la intérprete
investor	el inversor/la inversora (SP), el/la inversionista (LA)
journalist	el/la periodista
judge	el juez/la jueza
lawyer	el abogado/la abogada
librarian	el bibliotecario/la bibliotecaria
mail carrier	el cartero/la cartera
mechanic	el mecánico/la mecánica

Work	El trabajo
musician	el/la músico
pharmacist	el farmacéutico/la farmacéutica
photographer	el fotógrafo
pilot	el/la piloto
policeman	el policía
policewoman	el mujer policía
receptionist	el/la recepcionista
scientist	el científico/la científica
speculator	el especulador/la especuladora
stockbroker	el/la agente de bolsa
student	el/la estudiante
teacher	el profesor/la profesora
trader (stock)	el/la comerciante
travel agent	el/la agente de viajes
veterinarian	el veterinario/la veterinario
writer	el escritor/la escritora

Banking and the economy	La banca y la economía
automatic teller machine (ATM) [cashpoint]	el cajero automático
bank	el banco
bank loan	el préstamo bancario
debit card [cashcard]	la tarjeta de débito
bankrupt	la bancarrota
cash	el dinero en efectivo
cash a check [cheque]	cobrar un talón (SP), cobrar un cheque (LA)
cash register [cashdesk]	la caja registradora
change	cambiar
change (coins)	monedas (SP), cambio (LA), feria (MX)
check [cheque]	el talón (SP), el cheque (LA)
credit card	la tarjeta de crédito
currency	la moneda
debt	la deuda
deposit (in a bank)	el ingreso (SP), el depósito (LA)

Work	El trabajo
deposit (*returnable*)	el depósito retornable
down payment [deposit]	el desembolso inicial
Euro	el euro
exchange rate	el tipo de cambio
floating currency	el sistema de moneda flotante
have a credit	tener un crédito
in deficit	en déficit
installment plan [hire purchase]	la venta a plazos
in the red	en números rojos
lend	prestar
loan	el préstamo
mortgage	la hipoteca
mortgage	hipotecar
open (*account*)	abrir
overdraft	el descubierto
repayment	el reembolso
save	ahorrar
savings	los ahorros
savings and loan association [building society association]	la sociedad de crédito inmobiliario
withdraw	retirar

Chapter 7

Technology and Communication

Capítulo 7

La tecnología y las comunicaciones

ℚSpeak Up

What's your...
- cell phone number
- home phone number
- address
- e-mail address
- screen name

I'll...you.
- call
- write
- text

My cell phone number is...

My email address is...

ℚHable

¿Cuál es su...
- número de teléfono movil (SP)/celular (LA)?
- número de teléfono de casa
- dirección?
- dirección de correo electrónico?

nombre de usuario?

Le...
- llamaré
- escribiré
- enviaré un mensaje de texto

El número de mi teléfono móvil (SP)/celular (LA) es...

Mi dirección de correo electrónico es...

Mail [Post]

abroad
addressee
airmail
answer
collection
counter
customs declaration
envelope
express delivery

El correo

el extranjero
el destinatario
el correo aéreo
la respuesta
la recogida
el mostrador
la declaración aduanera
el sobre
la entrega urgente

Technology and Communication	La tecnología y las comunicaciones
first-class mail	el correo de primera clase
letter	la carta
letter rate	la tarifa de cartas
mail [post]	el correo
to mail [post]	enviar por correo
mailbox [letter-box]	el buzón
mailman [postman]	el cartero
money [postal] order	el giro postal
news	las noticias
notepaper	el papel para escribir
package	el paquete
parcel	el paquete
parcel rate	la tarifa de paquetes
pen pal [pen-friend]	el amigo por correspondencia
post office	la oficina de correos
postage	los gastos de correo
postcard	la (tarjeta) postal
prepaid postage [freepost]	el correo sin franqueo
receive	recibir
registered [recorded] mail	el correo certificado
reply	la respuesta
sealed	sellado/a
send (greetings)	enviar (recuerdos)
sender	el remitente
stamp	el sello
write	escribir
zip code [postcode]	el código postal

Communications — Las comunicaciones

busy [engaged] *(phone)*	ocupado/a *(teléfono)*
button	el botón
cell [mobile] phone	el móvil (SP), el celular (LA)
communicate	comunicar
conversation	la conversación
directory assistance [information]	la información telefónica
e-mail	el correo electrónico

94

Technology and Communication	La tecnología y las comunicaciones
extension	la extensión (SP), el interno (LA)
internet cafe	el cibercafé
fax	el fax
local call	la llamada local
long-distance call	la llamada a larga distancia
(telephone) number	el número (de teléfono)
operator	el telefonista
out of order	sin servicio
phone booth [call-box]	la cabina telefónica
receiver	el auricular
subscriber	el abonado
telecommunications	las telecomunicaciones
telephone	el teléfono
telephone directory	la guía telefónica
phone	el teléfono
phone card	la tarjeta telefónica
prepaid	prepagado/a
text message [SMS]	el mensaje de texto
text [send an SMS]	enviar un mensaje de texto
transmit	transmitir
unlisted [ex-directory]	sin listar
voicemail	el mensaje de voz
word	la palabra
wrong number	el número equivocado

Making phone calls / Hacer llamadas telefónicas

area code	el prefijo
call	llamar (por teléfono)
collect [reverse charge] call	la llamada a cobro revertido (SP), la llamada por cobrar (LA)
connect with	conectar con
country code	el código de país
dial	marcar
fax	enviar por fax
hang up	colgar
hold	estar en espera

95

Technology and Communication	La tecnología y las comunicaciones
(leave a) message	(dejar un) mensaje
pick up	descolgar
press	pulsar
put...through (to)	pasar con...
speak to	hablar con

Computers	Ordenadores (SP)/ Computadoras (LA)
application	la aplicación
blog	el blog
broadband	la banda ancha
browser	el navegador
calculator	la calculadora
CD-ROM	el CD-ROM
CD burner	la grabadora de CD
computerized	computarizado/a
desktop publishing	la autoedición
domain name	el nombre del dominio
download	descargar
DVD	DVD
DVD burner	a grabadora de DVD
email	el correo electrónico
grammar check[er]	el corrector de gramática
(portable) hard drive	el disco duro (portátil)
information	la información
information technology	la tecnología de la información
instant message	el mensaje instantáneo
internet	Internet
laptop	el portátil
mp3 player	el reproductor de mp3
program	el programa
spell check[er]	el corrector de ortografía
URL	URL
thesaurus	el tesauro
website	el sitio web
word processor	el procesador de textos

Using the computer

Usar el ordenador (SP)/ la computadora (LA)

access	el acceso
back up	la copia de seguridad
browse	navegar
burn (a disc)	grabar (un disco)
cancel	cancelar
click on	hacer clic en
close (a file)	cerrar (un archivo)
copy	copiar
create	crear
cut and paste	cortar y pegar
delete	eliminar
download	descargar
enter	ingresar
erase	borrar
exit	salir
file	el archivo
format	el formato
forward	reenviar
handle	manejar
help	ayudar
import	importar
install	instalar
instant messenger	el mensajero instantáneo
list	listar
log off	salir del sistema
log on	entrar al sistema
merge	combinar
move	mover
open (a file)	abrir (un archivo)
print	imprimir
program	programar
read	leer
receive	recibir

remove	eliminar
replace	reemplazar
reply	responder
retrieve	recuperar
run (a program)	ejecutar (un programa)
save	guardar
search	buscar
send	enviar
sort	clasificar
store	almacenar
turn off	apagar
turn on	encender
type	teclear
underline	subrayar
update	actualizar
wireless internet	el internet inalámbrico

Technology

La tecnología

⌕ Speak Up

⌕ Hable

I'm looking for a...

My...isn't working

I'd like to upgrade my...

▶ *For shopping, see page 36*

Busco...

Mi...no funciona

Quiero actualizar mi...

▶ *Ver página 36 para consultar las compras*

(digital) camera	la camera (digital)
CD player	el reproductor de CD
computer	el ordenador (SP), la computadora (LA)
desktop computer	el ordenador (SP)/la computadora de mesa
DVD player	el reproductor de DVD
GPS	GPS
laptop computer	el ordenador (SP)/la computadora

Technology and Communication	La tecnología y las comunicaciones
	(LA) portátil
mp3 player	el reproductor de mp3
printer	la impresora
scanner	el escáner
stereo	el estéreo
TV	la televisión
video game	el videojuego

Terms of service — Condiciones del servicio

contract	el contrato
(free) delivery	la entrega (gratis)
discount	descuento
staff discount	descuento para empleados
student discount	descuento para estudiantes
installation	la instalación
rebate	la devolución
return	devolver
return	la devolución
setup	el montaje
technical support	servicio de apoyo técnico
warrantee	titular de una garantía

Chapter 8
Education

School subjects

La educación

Materias escolares

ℚ Speak Up

I'd like to take a class in...

I'd like to sign my child up for classes in...

Do you offer classes in...?

ℚ Hable

Me gustaría tomar una clase de...

Me gustaría inscribir a mi hijo/a en clases de...

¿Tienen clases de...?

arithmetic	la aritmética
art	el arte
biology	la biología
chemistry	la química
English	el inglés
foreign language	el idioma extranjero
geography	la geografía
history	la historia
home economics	la economía doméstica
Italian	el italiano
Latin	el latín
mathematics	las matemáticas
music	la música
physical education	la educación física
physics	la física
religious education	la educación religiosa
science	las ciencias
sex education	la educación sexual
social studies	los estudios sociales
sociology	la sociología
Spanish	el español
sports	el deporte
technology	la tecnología
woodwork	la carpintería

University subjects | Materias universitarias

accounting [accountancy]	la contabilidad
architecture	la arquitectura
art history	la historia del arte
business management	la gestión de negocios
catering	la hostelería
classics	los clásicos
civil engineering	la ingeniería civil
commerce	el comercio
construction	la construcción
design	el diseño
economics	la economía
education	la educación
electrical engineering	la ingeniería eléctrica
engineering	la ingeniería
environmental sciences	las ciencias medioambientales
hotel management	la gestión hotelera
information technology	la tecnología de la información
languages	los idiomas
law	el derecho
literature	la literatura
mechanical engineering	la ingeniería mecánica
medicine	la medicina
pharmacy	la farmacia
nuclear science	la ciencia nuclear
office skills	el secretariado
philosophy	la filosofía
psychology	la psicología
sociology	la sociología
theology	la teología
tourism	el turismo

Education | La educación

achievement	el logro
admission	la admisión
admitted to school	admitido/a al colegio

Education | La educación

absent	ausente
age group	el grupo etario
aptitude	la aptitud
answer	la respuesta
answer (someone)	responder (a alguien)
answer (a question)	responder (una pregunta)
ask	preguntar
attend (a school)	asistir (a un colegio)
board of education	el Departamento de educación
boring	aburrido/a
career	la carrera
career counseling	la orientación vocacional
catch up	ponerse al día
chapter	el capítulo
cheat	copiar
class	la clase
class trip	el viaje escolar
club	el club
complete	completar
comprehension	la comprensión
compulsory schooling	la educación obligatoria
computer	el ordenador (SP)/ la computadora (LA)
concept	el concepto
copy	copiar
course	el curso
cram	empollar
detention	el castigo
to be in detention	estar castigado/a
difficult	difícil
discuss	discutir
easy	fácil
education	la educación
educational system	el sistema educativo
encourage	alentar
enroll	inscribirse
essay	la redacción

Education	La educación
example	el ejemplo
excellent	excelente
extracurricular activity	la actividad extracurricular
favorite subject	la asignatura favorita
forget	olvidar
holidays	las vacaciones
homework	los deberes (SP), la tarea (LA)
instruction	la instrucción
interesting	interesante
learn	aprender
leave	salir
lesson	la lección
listen	escuchar
look at	mirar
misunderstand	malinterpretar
module	el módulo
oral	oral
parents' evening	la tarde de reunión de los padres
praise	alabar
principal (of a school)	el director (de una escuela)
project	el proyecto
punctual	puntual
punish	castigar
punishment	el castigo
pupil	el alumno
qualification	los requisitos
qualify	cumplir con los requisitos
question	la pregunta
question	preguntar
question mark	el signo de interrogación
read	leer
reading	la lectura
recess	el recreo
register	el registro
repeat a year	repetir un curso
report	las notas
research	la investigación

Education	La educación
research	investigar
resource center	el centro de recursos
school administration	la administración escolar
school book	el libro de texto
school council	el consejo escolar
semester	el semestre
skill	la habilidad
specialist teacher	el profesor especializado
spelling	la ortografía
staff	el personal
stay back *(a grade)*	repetir curso
strict	estricto/a
study	estudiar
sum	la suma
summarize	resumir
task	la tarea
teach	enseñar
teacher	el profesor
teaching	la enseñanza
train	preparar
training	la preparación
translate	traducir
translation	la traducción
tuition	la matrícula
tutor	el tutor
understand	entender
understanding	la comprensión
unit (of work)	la unidad (de trabajo)
work	trabajar
work hard	esforzarse
work experience	la experiencia laboral
write	escribir
written (work)	(trabajo) escrito/a

At school   En el colegio

athletic field	el campo de atletismo
blackboard	la pizarra

Education	La educación
book	el libro
canteen	la cantina
(audio/video) cassette	la cinta (de audio/de video)
bookbag	la mochila escolar
cassette recorder	la grabadora de casetes
classroom	la clase
computer	el ordenador (SP),
	la computadora (LA)
desk	el pupitre
dormitory	la residencia de estudiantes
gym	el gimnasio
headphone	el auricular
laboratory	el laboratorio
(language) lab	el laboratorio (de idiomas)
library	la biblioteca
lunchtime	la hora del almuerzo
note	la nota
office	la oficina
playground	el patio de juegos
radio	la radio
ruler	la regla
satellite TV	la television por satélite
schedule [timetable]	el horario
slide	la diapositiva
sports center	el polideportivo
staffroom	el cuarto de profesores
studio	el estudio
video	el video
video (adj)	de video
video camera	la cámara de video
video cassette	la cinta de video
video recorder	el grabador de vídeo
workshop	el taller

Types of school / Tipos de colegios

boarding school	el internado
boarder	el interno

Education | La educación

college	la facultad
day school	el colegio sin internado
full time	a tiempo completo
graduate school	la escuela de estudios de posgrado
grammar school	la escuela primaria
higher education	la educación superior
high school	la escuela secundaria
junior high school	el primer ciclo de secundaria
nursery school	la guardería
part time	a tiempo parcial
playgroup	el grupo de juegos
primary	primario/a
primary elementary school	la educación básica
school	el colegio
school type	el tipo de colegio
special school	la escuela especial
technical school	la escuela de formación profesional
two-year college	el instituto de formación profesional

Reading, writing and language | Lectura, escritura y lengua

accent	el acento
alphabet	el alfabeto
alphabetically	alfabéticamente
articulate	elocuente
bilingual	bilingüe
bilingualism	el bilingüismo
(in) bold	(en) negrita
Braille	el Braille
character	el carácter
communicate	comunicar
consonant	la consonante
conversation	la conversación
converse	conversar

dialect	el dialecto
diction	la dicción
dictionary	el diccionario
difficult	la dificultad
easy	fácil
error	el error
fluent	la fluidez
foreign language	el idioma extranjero
forget	olvidar
grammar	la gramática
grammatical	gramático/a
handwriting	la letra
illiterate	analfabeto/a
improve	mejorar
interpret	interpretar
interpreter	el intéprete
intonation	la entonación
mean	significar
italic	bastardilla
language	el idioma
language course	el curso de idiomas
language school	la escuela de idiomas
language skills	las habilidades para los idiomas
Latin	el latín
learn	aprender
learning	el aprendizaje
letter (alphabet)	la letra
level	el nivel
linguistics	la lingüística
lisp	el ceceo
listen	escuchar
listener	el oyente
listening	la audición
listening skills	las habilidades auditivas
literate	escolarizado/a
literature	la literatura
mispronounce	pronunciar mal

Education | La educación

mispronunciation	el error de pronunciación
mistake	el error
modern languages	las lenguas modernas
monolingual	monolingüe
mother tongue	la lengua materna
native	nativo/a
note	la nota
official	oficial
oral(ly)	verbal(mente)
origin	el origen
paragraph	el párrafo
practice	practicar
print	imprimir
pronounce	pronunciar
pronunciation	la pronunciación
question	la pregunta
read	leer
reading	la lectura
reading skills	las habilidades de lectura
regional accent	el acento regional
rhythm	el ritmo
sentence	la oración
sign	firmar
sign	el signo
sign language	el lenguaje por señas
signature	la firma
slang	el argot
sound	el sonido
speak	hablar
speaker	el hablante
speaking	el habla
speaking skills	las habilidades verbales
speech	el discurso
spell	deletrear
spelling	la ortografía
spoken	hablado/a
spoken language	el lenguaje hablado

Education	La educación
stress	la entonación
(un-)stressed	(no) acentuado/a
stutter	tartamudear
syllable	la sílaba
teach	enseñar
teacher	el profesor
teaching	la enseñanza
test	evaluar
test	la prueba
text	el texto
transcribe	transcribir
transcription	la transcripción
translate	traducir
translation	la traducción
underline	subrayar
understand	entender
verbally	verbalmente
vocabulary	el vocabulario
vowel	la vocal
write	escribir
writing	la escritura
writing skills	las habilidades de escritura
written language	el lenguaje escrito

Examinations	Los exámenes
assessment	la evaluación
bachelor's degree	la licenciatura
certificate	el certificado
degree	el título
diploma	el diploma
dissertation	la disertación
distinction	la matrícula de honor
doctorate	el doctorado
(final) examination	el examen (final)
fellowship	la beca de investigación
grade [mark]	la nota
grade	calificar

Education	La educación
grading system	el sistema de calificaciones
honors	honores
listening comprehension	la comprensión auditiva
masters degree	la maestría
merit	el mérito
oral	oral
point	el punto
post-graduate course	el curso de posgrado
reading comprehension	la comprensión de textos
pass (an exam)	aprobar (un examen)
take an exam	presentarse a un examen
test	examinar
test	la prueba
thesis	la tesis
written test	el examen escrito

Grades [Marks] — Notas

very good	sobresaliente
good	notable
satisfactory	satisfactorio
pass	aprobado
poor	insuficiente
very poor	muy deficiente
fail	suspendido

Further education — Educación posterior

adult	(para) adultos
adult education	la educación de adultos
apprentice	el aprendiz
apprenticeship	el aprendizaje
college	la facultad
course of study	el curso
diploma	el diploma
faculty	el profesorado
graduate	licenciado/a
in-service training	el cursillo de formación

Education — La educación

Education	La educación
lecture	la conferencia
lecture hall	el salón de conferencias
lecturer	el profesor universitario
masters degree	la maestría
part-time education	la educación a tiempo parcial
polytechnic	politécnico/a
professor	el profesor
research	la investigación
residence hall	la residencia de estudiantes
scholarship	la beca
seminar	el seminario
student council	el consejo estudiantil
student loan	el préstamo escolar
student union	el sindicato de estudiantes
teacher's assistant	el profesor auxiliar
teacher-training college	la escuela de magisterio
technical college	el instituto de formación profesional
university	la universidad
university admission qualification	los requisitos de acceso a la universidad

Sample conversation — Conversación de muestra

"I need to enroll my 8-year-old son in elementary school."

"Tengo que inscribir a mi hijo de 8 años en la escuela primaria".

"Ok, he can start the third grade in the fall."

"Bien, puede comenzar el tercer curso en otoño".

"How many students and teachers are there in the classes?"

"¿Cuántos estudiantes y profesores hay en cada clase?"

"On average, there are about twenty students per class, and each class has one teacher."

"Hay unos veinte estudiantes por clase, como promedio, y un profesor para cada clase".

"Are classes taught in English or Spanish?"	"¿Se imparten las clases en inglés o en español?"
"Classes are in English, but there is one hour a day of Spanish."	"Las clases se imparten en inglés, pero hay una hora diaria de español".

"I'd like to sign up for an adult education course.	"Quiero inscribirme en una clase de educación para adultos".
"Sure, they offer night-time classes for adults at the local college"	"Claro, en el instituto local ofrecen clases nocturnas para adultos".
"What is the tuition?"	"¿Cuánto cuesta la matrícula?
"I suggest you visit their website for more information."	"Le aconsejo que visite el sitio web para obtener más información".

▶ *For numbers, see page 17*

▶ *For subjects, see page 100*

▶ *Ver la página 17 para consultar los números*

▶ *Ver la página 100 para consultar las materias*

Chapter 9
Travel

Buying a ticket

ℚ Speak Up

I'd like a...ticket
one-way [single]
round-trip [return]
▶ *For numbers, see page 17*

▶ *For shopping & payment, see page 36*

Going abroad

cross
currency
currency exchange office
customs
customs control
customs officer
customs regulations
declaration
declare
duty
duty-free goods
duty-free shop

exchange rate
expired
foreign currency
frontier
go through customs
go through passport control
immigration office
passport
pay tax [duty] on

Capítulo 9
Viajes

Comprar un boleto

ℚ Hable

Quisiera un...boleto
de ida
de ida y vuelta
▶ *Ver la página 17 para consultar los números*

▶ *Ver la página 36 para consultar compras y pagos*

Ir al extranjero

cruzar
la moneda
la oficina de cambio de moneda
la aduana
el control de aduanas
el oficial de aduana
el reglamento de aduanas
la declaración
declarar
el impuesto
los productos libres de impuestos
la tienda de productos libres de impuestos
la tasa de cambio
caducado/a
la moneda extranjera
la frontera
pasar la aduana
pasar el control de pasaportes
la oficina de inmigración
el pasaporte
pagar el impuesto de

smuggler	el contrabandista
smuggling	el contrabando
visa	el visado

Travel by boat / Viajar en barco

boarding [embarcation] card	la tarjeta de embarque
boat	el barco
bridge	el puente
cabin	el camarote
captain	el capitán
coast	la costa
crew	la tripulación
crossing	la travesía
cruise	el crucero
deck	la cubierta
lower deck	la cubierta inferior
upper deck	la cubierta superior
superior	superior
deck chair	la butaca de cubierta
disembark	desembarcar
dock	el muelle
embark	embarcar
ferry	el ferry
go on board	subir a bordo
harbor	el puerto
lifeboat	el bote de salvamento
lifejacket	el chaleco salvavidas
lounge	la sala
ocean	el océano
offshore	el mar abierto
on board	a bordo
overboard	por la borda
port *(side of boat)*	(a) babor
port (of call)	el puerto (de escala)
quay	el muelle
reclining seat	el asiento reclinable
sailor	el marinero

sea	el mar
calm sea	el mar en calma
choppy sea	el mar picado
heavy sea	el mar grueso
stormy sea	el mar borrascoso
seasickness	el mareo
ship	el barco
smooth	en calma
starboard	(a) estribor
storm	la tormenta
tide	la marea
waves	las olas
wind	el viento
windy	ventoso/a
yachting	la navegación a vela

Travel by air / Viajar en avión

⌖Speak Up / ⌖Hable

Where is gate number...?	¿Dónde está la puerta de embarque número...?
Where is the nearest restroom?	¿Dónde está el baño más cercano?
Where do I check-in?	¿Dónde facturo?
What time does the flight begin boarding?	¿A qué hora embarca el vuelo?
How many pieces of carry-on luggage am I allowed?	¿Cuántas piezas de equipaje de mano se permiten?

air travel	el viaje en avión
aircraft	la aeronave
airline [aeroline]	la aerolínea
airline counter	el mostrador de la aerolínea
airplane [aeroplane]	el avión
airport	el aeropuerto
aisle seat	el asiento de pasillo

to be airsick	estar mareado/a
baggage	el equipaje
baggage carousel	la cinta de equipajes
board a plane	subir a bordo de un avión
boarding pass	la tarjeta de embarque
body search	el registro personal
business class	la clase ejecutiva
by air	en avión
cabin	la cabina
canceled flight	el vuelo cancelado
carry-on [hand luggage]	el equipaje de mano
charter flight	el vuelo chárter
check in	facturar
check-in	la facturación
control tower	la torre de control
copilot	el copiloto
crew	la tripulación
desk	el mostrador
direct flight	el vuelo directo
domestic flight	el vuelo nacional
during landing	durante el aterrizaje
during takeoff	durante el despegue
during the flight	durante el vuelo
economy class	la clase económica
emergency exit	la salida de emergencia
emergency landing	el aterrizaje de emergencia
excess baggage	el exceso de equipaje
fasten	ajustar
flight	el vuelo
flight attendant	el asistente de vuelo
fly	volar
fly at a height of	volar a una altura de
flying	la aviación
fuselage	el fuselaje
gate	la puerta
headphones	los auriculares
highjacker	el secuestrador

116

Travel	Viajes
immigrant	el inmigrante
immigration	la inmigración
immigration rules	las normas de inmigración
instructions	las instrucciones
land	aterrizar
landing	el aterrizaje
lifejacket	el chaleco salvavidas
nonstop	sin escalas
no-smoking sign	la señal de no fumar
on board	a bordo
parachute	el paracaídas
passenger	el pasajero
passengers' lounge	la sala de pasajeros
passport control	el control de pasaportes
pilot	el piloto
plane	el avión
refreshments	los refrescos
runway	la pista de aterrizaje
seatbelt	cinturón de seguridad
security	la seguridad
security staff	el personal de seguridad
take off	despegar
take-off	el despegue
terminal	la terminal
tray	la bandeja
turbulence	la turbulencia
view	la vista
window	la ventana
window seat	el asiento de ventana

ᗌSpeak Up

I need a ticket to…

I'm leaving on…and returning on…

▶ *For numbers, see page 17*

ᗌHable

Necesito un boleto para…

Salgo el…y vuelvo el…

▶ *Vea la página 17 para consultar los números*

Travel	Viajes

▶For days and dates, see page 15   ▶Vea la página 15 para consultar días y fechas

Sample Conversation

Conversación de muestra

"Good morning. How may I help you?"

"I need a round-trip ticket to London"

"When will you be traveling?"

"I'm leaving on Wednesday, May 2nd and returning on Friday, May 4th."

"Buenos días. ¿En qué puedo ayudarle?"

"Necesito un boleto de ida y vuelta a Londres."

"¿Cuándo desea viajar?"

"Salgo el miércoles 2 de mayo y regreso el viernes 4 de mayo."

Holiday activities

Actividades de vacaciones

beach vacation [holiday]	las vacaciones en la playa
bus trip	el viaje en autobús
camping	el camping
canoeing	el piragüismo
car trip [motoring holiday]	las vacaciones en automóvil
cruise	el crucero
cycling	el ciclismo
fishing	la pesca
fruit picking	la recolección de fruta
hunting	la caza
mountain climbing	el montañismo
rock climbing	la escalada
sailing	la navegación
shopping	las compras
sightseeing	el excursionismo
skiing	el esquí
study abroad	estudiar en el extranjero
study vacation [holiday]	las vacaciones de estudios
sunbathing	el baño de sol
volunteer work	el trabajo voluntario

| walking | caminar |
| wine tasting | la cata de vinos |

Accommodations and hotel
Alojamientos y hoteles

apartment	el apartamento
bed and breakfast	la pensión
campsite	el campamento
camping	el camping
efficiency unit [self-catering]	el apartamento con cocina
farm	la granja
full board	la pensión completa
half board	la media pensión
home exchange	el intercambio de casas
hotel	el hotel
inn	la posada
mobile home	la caravana
motel	el motel
trailer [caravan]	la caravana
villa	la villa
youth hostel	el albergue juvenil

Booking and payment
Reservaciones y pagos

⮂Speak Up
⮂Hable

I'd like a…room.	Quisiera una habitación…
For…days.	Para…días.
Does it include…?	¿Incluye…?

affordable	asequible
all-inclusive	todo incluido
bill	la cuenta
reserve	reservar
brochure	el folleto
cheap	barato/a
check	el cheque
cost	el costo

credit	el crédito
credit card	la tarjeta de crédito
economical	económico/a
excluding	sin incluir
exclusive	exclusivo/a
expensive	caro/a
extra charge	el recargo
evening meal	la cena
fee	la tarifa
fill in	llenar
form	el formulario
free	gratis
inclusive	completo/a
pay	pagar
payment	el pago
pricelist	la lista de precios
receipt	el recibo
reduction	el descuento
refund	el reembolso
reservation	la reservación
reserve	reservar
sales tax [VAT]	el impuesto sobre la venta (IVA)
sign	firmar
signature	la firma
traveler's check [cheque]	el cheque de viajero

Hotels and efficiencies   Hoteles y apartamentos

꧁Speak Up   ꧁Hable

Where is the…?	¿Dónde está…?
Does the room/hotel have a…?	¿Tiene la habitación/el hotel…?
Could I have more…?	¿Podría tener más…?
Do you have any rooms?	¿Tiene alguna habitación?
For … nights.	Para…noches.

adjoining [en-suite] bathroom	el baño adjunto

English	Spanish
agency	la agencia
agreement	el acuerdo
air-conditioning	el aire acondicionado
apartment	el apartamento
balcony	el balcón
bath	el baño
bed	la cama
queen-size bed	la cama tamaño "queen"
king-size bed	la cama de matrimonio
twin bed	la cama gemela
bed and breakfast	la pensión
bedding	la ropa de cama
bedspread	el cubrecama
board *(food)*	la pensión
full board	la pensión completa
half board	la media pensión
breakfast	el desayuno
broken	roto/a
business meeting	la reunión de negocios
call	la llamada
check in	facturar
check out	abandonar el hotel
clean	limpiar
coat hanger	la percha
comfortable	cómodo/a
complain	quejarse
complaint	la queja
conference	la conferencia
conference facilities	el salón de conferencias
cook	cocinar
damage	el daño
damaged	dañado/a
damages	los daños
dangerous	peligroso/a
dining room	el comedor
electricity	la electricidad

Travel	Viajes
elevator [lift]	el ascensor
equipment	el equipo
facilities	las instalaciones
fire exit	la salida de incendios
fire extinguisher	el extintor
guest	el huésped
hairdresser	el peluquero
hairdryer	el secador de pelo
heating	la calefacción
hotel	el hotel
iron	planchar
key	la llave
laundry	la lavandería
laundry service	el servicio de lavandería
maid	la camarera
meal	la comida
meter	el contador
noisy	ruidoso/a
nuisance	la molestia
overnight bag	el maletín de fin de semana
owner	el dueño
parking space	el espacio para estacionar
plug	el enchufe
pool	la piscina
pool hall [billiard room]	la sala de billar
porter	el portero
privacy	la privacidad
private toilet	el baño privado
reception	la recepción
receptionist	el recepcionista
repair	reparar
repair	la reparación
return (*give back*)	devolver
room	la habitación
double room	la habitación doble
single room	la habitación individual

room service	el servicio de habitaciones
ruined	estropeado/a
self-service	el autoservicio
set of keys	el juego de llaves
share	compartir
shower	la ducha
showercap	el gorro de ducha
shutters	las contraventanas
smelly	apestoso/a
spa	el balneario
spare keys	las llaves de repuesto
stay	alojarse
stay	la estancia
towel	la toalla
view	la vista
wake-up call	el servicio de despertador
water	el agua
water supply	el suministro de agua
well	el pozo
well-kept	bien guardado/a

Camping · De camping

air mattress	el colchón inflable
antihistamine cream	la crema antihistamínica
ants	las hormigas
barbecue	la barbacoa
battery	la pila
camp	acampar
camping equipment	el equipo de camping
campsite	el campamento
can [tin] opener	el abrelatas
connected	conectado/a
cooking facilities	las instalaciones para cocinar
disconnected	desconectado/a
drinking water	el agua potable
extension cord	el cable de extensión

flashlight [torch]	la linterna
forbidden	prohibido/a
fun	la diversión
gas	el gas
gas cylinder	la bombona de gas
gas stove [cooker]	la cocina de gas
ground tarp	la tela impermeable
laundromat [launderette]	la lavandería
medicine kit	el botiquín
mosquito bite	la picadura de mosquito
mosquito net	el mosquitero
mosquitos	los mosquitos
pan	la sartén
peg	la estaca
pitch [put up] a tent	montar la tienda de campaña
registration	la inscripción
services	los servicios
sheet	la sábana
showers [washing facilities]	las duchas
site	el sitio
sleeping bag	el saco de dormir
space	el espacio
take down	desmontar (la tienda de campaña)
tent	la tienda de campaña
toilet	el baño
trailer [caravan]	la caravana
trashcan [dustbin]	el bote de la basura
vehicles	los vehículos
water filter	el filtro de agua

Chapter 10

Health and Emergencies

Capítulo 10

Salud y emergencias

Health

La salud

⌾ Speak Up

⌾ Hable

My...hurts.

Me duele(n)...

arm	el brazo
back	la espalda
chest	el pecho
ear	el oído
eye	el ojo
finger	el dedo
foot	el pie
hand	la mano
head	la cabeza
heart	el corazón
joint	las articulaciones
knee	la rodilla
leg	la pierna
mouth	la boca
neck	el cuello
nose	la nariz
shoulder	el hombro
stomach	el estómago
throat	la garganta
toe	el dedo del pie
tongue	la lengua

⌾ Speak Up

⌾ Hable

I'm allergic to...	Soy alérgico/a a...
I've been sick for...	Llevo enfermo/a desde...
I need medication for...	Necesito medicación para...
It hurts when I...	Me duele cuando...
What's wrong?	¿Qué pasa?

Accidents and emergencies

Accidentes y emergencias

accident	el accidente
ambulance	la ambulancia
attack	el ataque
break	la rotura
break	romperse
break one's arm	romperse el brazo
broken	roto/a
bruise	el moretón
bruise	magullar
burn	la quemadura
burn	quemarse
casualty	la víctima
casualty department	la sección de accidentados
to catch fire	prenderse fuego
collide (with)	chocar (con)
collision	el choque
crash	la colisión
crash (plane)	estrellarse (avión)
crush	aplastar
cut (oneself)	cortarse (uno mismo)
cut one's finger	cortarse el dedo
dead	muerto/a
death	la muerte
die	morir
emergency	la emergencia
emergency exit	la salida de emergencia
emergency services	los servicios de emergencia
explode	explotar
extinguish	apagar
fall	caerse
fatal	mortal
fine	la multa
fire	el fuego
fire engine	el coche de bomberos
fire extinguisher	el extintor

fireman	el bombero
first aid	los primeros auxilios
graze	el rasguño
graze	rasparse
have an accident	tener un accidente
hospital	el hospital
impact	el impacto
incident	el incidente
injure	herir
injury	la herida
injured	herido/a
insurance	el seguro
(not) to have insurance	(no) tener seguro
insure	asegurar
itemized receipt	el recibo detallado
killed	asesinado/a
life jacket	el chaleco salvavidas
oxygen	el oxígeno
paramedic	el paramédico
recover	recobrarse
recovery	la recuperación
rescue	rescatar
rescue	el rescate
rescue services	los servicios de rescate
run over	atropellar
rush	apresurarse
safe	a salvo
salvage	el salvamento
save	salvar
seat [safety] belt	el cinturón de seguridad
third party	la tercera persona
witness	el testigo

ᗺ Speak Up

Call a doctor!

Call the police!

ᗺ Hable

¡Llame a un médico!

¡Llame a la policía!

Can you help me?	¿Puede ayudarme?
Fire!	¡Fuego!
Go away!	¡Lárguese!
Help!	¡Socorro!
I'd like to report…	Quiero denunciar…
— a mugging	— un asalto
— a rape	— una violación
— a theft	— un robo
I need a police report.	Necesito un certificado de la policía.
I need…	Necesito…
— an interpreter	— un intérprete
— to contact my lawyer	— ponerme en contacto con mi abogado
— to make a phone call	— hacer una llamada
I'm innocent.	Soy inocente.
I'm lost.	Me he perdido.
My child is missing.	Mi hijo/a ha desaparecido.
Stop, thief!	¡Deténgase, ladrón!
There was an attack.	Ha habido un asalto.
Where's the police station?	¿Dónde está la comisaria?

Illness and disability — Enfermedades y discapacidades

ache	el dolor
alive	vivo/a
amputate	amputar
amputee	el amputado
amputation	la amputación
arthritis	la artritis
asthma	el asma (f)
black eye	el ojo amoratado
bleed	sangrar

blind	ciego/a
blind person	la persona ciega
blood	la sangre
breath	el aliento
breathe	respirar
breathless	sin aliento
(to) catch a cold	tener un resfriado
cold	el resfriado
constipated	estreñido/a
constipation	el estreñimiento
convalescence	la convalecencia
cough	la tos
cough	toser
cripple	el mutilado
cry	llorar
dead	muerto/a
deaf	sordo/a
deafness	la sordera
death	la muerte
depressed	deprimido/a
depression	la depresión
diarrhea	la diarrea
die	morir
diet	la dieta
disabled	discapacitado/a
disease	la enfermedad
dizziness	el mareo
dizzy	mareado/a
drug	la droga
drugged	drogado/a
drunk	borracho/a
dumb	mudo/a
earache	el dolor de oídos
feel dizzy	sentirse mareado/a
feel ill	sentirse enfermo/a
(to be) ill	(estar) enfermo/a

feel (well)	sentirse (bien)
fever	la fiebre
feverish	febril
have a fever	tener fiebre
flu	la gripe
get drunk	emborracharse
get better	mejorarse
have an operation	operarse
headache	el dolor de cabeza
health	la salud
healthy	saludable
heart attack	el ataque cardíaco
high blood pressure	la hipertensión
HIV (positive)	(positivo para) el VIH
hurt	el dolor
hurt	doler
ill	enfermo/a
illness	la enfermedad
jaundice	la ictericia
live	vivir
look (ill)	tener aspecto enfermizo
mental illness	la enfermedad mental
mentally disabled	el discapacitado mental
mentally ill	el enfermo mental
migraine	la migraña
miscarriage	aborto espontáneo
mute	el mudo
mute (*adj*)	mudo/a
nauseous	con náuseas
pain	el dolor
painful	doloroso/a
pale	pálido/a
paralysis	la parálisis
paralyzed	paralizado/a
physically handicapped	el discapacitado físico
pregnant	embarazada

recovery	el restablecimiento
rheumatism	el reumatismo
sick	el enfermo
sneeze	estornudar
sore throat	el dolor de garganta
sting	la picadura
sting	picar
stomach	el estómago
stomachache	el dolor de estómago
symptom	el síntoma
take drugs	tomar drogas
temperature	la fiebre
tonsillitis	la amigdalitis
toothache	el dolor de muelas
upset stomach	el trastorno estomacal
vomit	vomitar
wounded	herido/a

Medical treatment   Tratamiento médico

anesthetic [anaesthetic]	la anestesia
(to be) under anesthetic	(estar) anestesiado/a
appointment	la cita
bandage	la venda
blood	la sangre
blood test	el análisis de sangre
blood pressure	la presión sanguínea
capsule	la cápsula
chemotherapy	la quimioterapia
cure	la cura
dangerous	peligroso/a
death	la muerte
diet	estar a dieta
doctor (Dr.)	el médico
dressing	el vendaje
drop	la gota
drug	la droga

examine	examinar
examination	el examen
fill	llenar
glasses	las gafas
have	tener
heating	la calefacción
hospital	el hospital
improve	mejorar
injection	la inyección
insurance certificate	el certificado del seguro
look after	cuidar de
medical	médico/a
medication	el medicamento
medicine	la medicina
midwife	la comadrona
nurse	el enfermero
nurse	cuidar
office hours	las horas de consulta
operate	operar
operation	la operación
patient	el paciente
pharmacist [chemist]	el farmacéutico
pharmacy	la farmacia
pill	la pastilla
prescribe	recetar
prescription	la receta
radiotherapy	la radioterapia
receptionist	el recepcionista
service	el servicio
set	soldarse
spa resort	el balneario
specialist	el especialista
stitches	los puntos de sutura
surgery	la cirugía
syringe	la jeringuilla
tablet	la tableta

therapeutic	terapéutico/a
therapy	la terapia
therapist	el terapeuta
thermometer	el termómetro
treat	tratar
treatment	el tratamiento
ward	la sala
wound	la herida
X-ray	la radiografía
X-ray	radiografiar

Sample conversation

Conversación de muestra

"What's the matter?"	"¿Qué ocurre?"
"My throat hurts."	"Me duele la garganta."
"How long has it been bothering you?"	"¿Desde cuándo le molesta?"
"I've been sick for three days."	"Desde hace tres días."
"What are your symptoms?"	"¿Qué síntomas tiene?"
"It hurts when I swallow."	"Me duele al tragar."
"Ok, I am going to give you a prescription."	"Bien, voy a darle una receta."

Dentist and optician

El dentista y el óptico

abscess	el flemón
contact lens	la lente de contacto
dentist	el dentista
denture	la dentadura
extract	extraer
eyeglass [spectacles] case	el estuche para las gafas
eyesight	la vista
farsighted [longsighted]	hipermétrope
filling	el empaste
frame	la montura

glasses [spectacles]	las gafas
lens	la lente
nearsighted [shortsighted]	miope
optician	el óptico
sunglasses	las gafas de sol
tinted	ahumado/a
test	controlar
toothache	el dolor de muelas

Physical state   Condición física

⌒ Speak Up   ⌒ Hable

I feel...   Me siento...

comfortable	cómodo/a
dizzy	mareado/a
drowsy	soñoliento/a
faint	mareado/a
fit	en buena forma
ill	enfermo/a
queasy	mareado/a
seasick	mareado/a
sick	enfermo/a
sleepy	soñoliento/a
strange	extraño/a
tired	cansado/a
uncomfortable	incómodo/a
under the weather	indispuesto/a
well	bien
ache	el dolor
aching (adj)	adolorido/a
asleep	dormido/a
awake	despierto/a
blister	la ampolla
bruise	el moretón
(to be) cold	(tenor) frío

comfort	la comodidad
discomfort	el malestar
dizziness	el mareo
drowsiness	la somnolencia
exercise	hacer ejercicio
faint	desmayarse
fitness	la buena forma
graze	el rasguño
(to be) hot	(tener) calor
hunger	el hambre (f)
(to be) hungry	(tener) hambre
lie down	tumbarse
look	parecer
relax	relajarse
rest	descansar
sleep	dormir
stamina	la resistencia
thirst	la sed
thirsty	sediento/a
tired	cansado/a
tiredness	el cansancio
wake up	despertarse
well-being	el bienestar

Beauty and hygiene   Belleza e higiene

bath	el baño
beauty	la belleza
beauty salon [parlour]	el salón de belleza
body odor [odour]	el olor corporal
burp	eructar
brush	cepillar
brush	el cepillo
brush one's teeth	cepillarse los dientes
clean	limpiar
clean	limpio/a
comb	el peine

comb (one's hair)	peinarse (el pelo)
condom	el preservativo
contraception	la contracepción
contraceptive	el anticonceptivo
cut	cortar
dandruff	la caspa
defecate	defecar
dirty	sucio/a
diet	la dieta
(to be) on a diet	(estar) a dieta
electric razor	la afeitadora (eléctrica)
facial	el tratamiento facial
flannel	la toallita
fleas	las pulgas
hairbrush	el cepillo del pelo
haircut	el corte de pelo
get one's hair cut	cortarse el pelo
hairdo	el peinado
healthy (*person*)	sano/a
healthy (diet, place)	saludable
laundry (*establishment*)	la lavandería
laundry (*linen*)	la colada
lose one's hair	caerse el pelo
manicure	la manicura
menstruate	menstruar
menstruation	la menstruación
nailbrush	el cepillo para las uñas
period	la regla
period pains	los dolores menstruales
razor	la afeitadora
sanitary	sanitario/a
sanitary napkin	la compresa
scissors	las tijeras
shave	afeitarse
shower	la ducha
smell	el olor

smell (*badly*)	apestar
soap	el jabón
sweat	sudar
sweat	el sudor
take a bath	bañarse
take a shower	ducharse
tampon	el tampón
toothbrush	el cepillo de dientes
toothpaste	la pasta dentífrica
towel	la toalla
wash	lavarse

Chapter 11
Arts and Leisure

Capítulo 11
Artes y Ocio

ᕦSpeak Up

I'd like one/two ticket(s) to the...
- ballet
- concert
- exhibit
- game [match]
- movie [film]
- opera
- play

▶ *For numbers, see page 17*

What time does it start?

How much is admission?
(*museum*)

How much is the ticket? (*show,
etc.*)

▶ *For shopping and payment,
see page 36*

ᕦHable

Quisiera un/dos boleto(s) para...
- el ballet
- el concierto
- la exposición
- el partido
- la película
- la ópera
- la obra

▶ *Para consultar los números,
vea la página 17*

¿A qué hora empieza?

¿Cuánto cuesta la entrada?
(*museo*)

¿Cuánto cuesta el boleto?
(*show, etc.*)

▶ *Ver la página 36 para consultar
compras y pagos*

Sports

ᕦSpeak Up

Do you do/play...?

My favorite sport is...

Where can I do/play...around
here?

Do you rent [hire] equipment
for...

Deportes

ᕦHable

¿Juega usted...?

Mi deporte favorito es...

¿Dónde puedo hacer/jugar...
por aquí?

¿Alquilan equipos para...?

aerobics
archery
athletics
badminton
baseball

el ejercicio aeróbico
el tiro con arco
el atletismo
el bádminton
el béisbol

Arts and Leisure	Artes y Ocio
basketball	el baloncesto (SP), el basquetbol (LA)
biking [cycling]	el ciclismo
bowling	los bolos
boxing	el boxeo
climbing	el alpinismo
rock climbing	la escalada de rocas
crew	el remo
cricket	el cricket, el críquet
decathlon	el decatlón
diving	el buceo
football	el fútbol americano
handball	el balonmano
hockey	el hockey
horse racing	las carreras de caballos
horseback riding	montar a caballo
ice hockey	el hockey sobre hielo
ice skating	el patinaje sobre hielo
jogging	el footing
motor racing	el automovilismo
paragliding	el parapente
polo	el polo
pool	el billar
racing	las carreras
riding	montar a caballo
roller skating	el patinaje sobre ruedas
rugby	el rugby
sailing	la navegación
skiing	el esquí
water skiing	el esquí acuático
cross-country skiing	el esquí nórdico
downhill skiing	el esquí alpino
soccer [football]	el fútbol
swimming	la natación
table tennis	el ping-pong
volleyball	el voleibol
water polo	el polo acuático

Arts and Leisure	Artes y Ocio
weight training	el levantamiento de pesas
windsurfing	el windsurf

Locations for sports

Lugares para hacer deporte

arena	el estadio (*soccer*); la plaza (*bull-fighting*); el terreno de juego (*playing field*)
court	la cancha
field [pitch]	el campo
gym	el gimnasio
lake	el lago
mountain	la montaña
ocean	el océano
pool	la piscina/la pileta
racetrack (cars)	el circuito
ring (boxing)	el cuadrilátero
rink	la pista de patinaje
stadium	el estadio
track (horses)	el hipódromo
track (people)	la pista de atletismo

The outdoors

Al aire libre

canyon	el cañón
cave	la cueva
cliff	el acantilado
field	el campo
fishing	la pesca
garden	el jardín
hike	la caminata
hiking	el senderismo
national park	el parque nacional
nature preserve	la reserva natural
nature walk	sendero natural
overlook	el mirador
river	el río

Arts and Leisure

Artes y Ocio

trail	el sendero
walking	caminar
waterfall	la cascada

Sports equipment and clothing

Equipos y ropa de deporte

anorak	el anorak
arrow	la flecha
ball	la pelota
bat	el bate
bathing suit	el traje de baño
bike [cycling] shorts	los pantalones de ciclista
binoculars	los prismáticos
boots	las botas
bow	el arco
boxing gloves	los guantes de boxeo
camera	la cámara
dancing shoes	los zapatos de baile
exercise bike	la bicicleta estática
fishing rod	la caña de pescar
gardening gloves	los guantes de jardinería
headphones	el auricular
helmet	el casco
javelin	la jabalina
knitting needles	las agujas de punto
leotard	la malla
mountain bike	la bicicleta de montaña
net	la red
parka	la parka
racket	la raqueta
rifle	el rifle
row boat	el bote de remo
rowing machine	el aparato de remo
sailboat	el barco de vela
skate	el patín
ski boots	las botas de esquí

Arts and Leisure | Artes y Ocio

ski poles [sticks]	los bastones de esquí
skis	los esquís
sneakers [trainers]	las zapatillas de deporte
sports bag	la bolsa de deporte
stick (hockey)	el palo
surfboard	la tabla de surf
swimming trunks	el bañador de hombre
swimsuit	el bañador de mujer
track suit	el equipo de deportes
weights	las pesas
wet suit	el traje de buceo
zoom lens	el zoom

Television and radio | La televisión y la radio

antenna [aerial]	la antena
anchorman	el presentador
anchorwoman	la presentadora
announcer	el/la locutor/a
audience	el público
broadcast	emitir
broadcasting station	la emisora
cable TV	la televisión por cable
cable box	la caja del cable
cameraman	el/la camarógrafo/a
channel	el canal
commercial	el anuncio (SP), el aviso (LA)
dubbed	doblado/a
earphones	los auriculares
episode	el episodio
high frequency	la alta frecuencia
high definition (HD)	la alta definición
interactive	interactivo
listener	el/la oyente
listen	escuchar
live broadcast	la emisión en directo
live coverage	el reportaje en directo
loudspeaker	el altavoz (SP), el parlante (LA)

low frequency	la baja frecuencia
microphone	el micrófono
production studio	el estudio de producción
program	el programa
radio	la radio
on the radio	en la radio
record	grabar
recording	la grabación
remote control	el mando a distancia (SP), el control remoto (LA)
repeat	repetir
satellite dish	la antena parabólica
satellite TV	la televisión por satélite
screen	la pantalla
show	el espectáculo
signal	la señal
station	la estación
subtitles	los subtítulos
switch off	apagar
switch on	encender
television	la televisión
on television	en la televisión
TV [telly]	la tele
TV set	el televisor
TV studio	el estudio de televisión
video clip	el videoclip
videogame	el videojuego
video library	la videoteca
video recorder	la grabadora de video
viewer	el/la televidente
watch	ver

TV and radio programs

Programas de TV y radio

cartoons	los dibujos animados
children's program	el programa infantil
comedy	la comedia
current affairs	la actualidad

Arts and Leisure — Artes y Ocio

Arts and Leisure	Artes y Ocio
drama	el drama
documentary	el documental
education programs	los programas educativos
feature movie [film]	el largometraje
game show [quiz programme]	el concurso
(local) news	las noticias
reality TV	reality TV
soap opera	la telenovela
sitcom	la serie cómica
sports program	el programa deportivo
weather forecast	el pronóstico del tiempo

Literature — La literatura

Literature	La literatura
autograph	el autógrafo
book	el libro
bookstore [bookshop]	la librería
bookseller	el/la librero/a
character	el personaje
main character	el/la protagonista
comic	cómico/a
dialog	el diálogo
fictional	ficticio/a
hardcover	de tapa dura
imagination	la imaginación
inspiration	la inspiración
inspired by	inspirado/a por
introduction	la introducción
librarian	el/la bibliotecario/a
library	la biblioteca
public library	la biblioteca pública
reference library	la biblioteca de consulta
map	el mapa
myth	el mito
mythology	la mitología
narrate	narrar
narrative	la narrativa
narrator	el/la narrador/a

note	la nota
page	la página
paperback	de tapa rústica
paragraph	el párrafo
poem	el poema
poetic	poético/a
poetry	la poesía
punctuation	la puntuación
quote	la cita
quote	citar
read	leer
rhyme	la rima
setting	el entorno
text	el texto
title	el título
verse	el verso

Types of books

Tipos de libros

adventure story	la historia de aventuras
atlas	el átlas
autobiography	la autobiografía
biography	la biografía
children's literature	la literatura infantil
comic	el cómic
cookbook	el libro de cocina
detective story	la novela policíaca
diary	el diario
dictionary	el diccionario
bilingual dictionary	el diccionario bilingüe
encyclopedia	la enciclopedia
epic poem	el poema épico
essay	el ensayo
fable	la fábula
fairy tale	el cuento de hadas
fiction	la ficción
graphic novel	la novela gráfica
Greek tragedy	la tragedia griega

Arts and Leisure	Artes y Ocio
horror story	la historia de terror
letters	las cartas
manual	el manual
memoir	las memorias
modern play	la obra teatral moderna
mystery play	la obra teatral de misterio
nonfiction	no-ficción
novel	la novela
poetry	la poesía
reference book	el libro de consulta
science fiction	la ciencia ficción
short story	el cuento
spy story	la historia de espionaje
travel book	el libro de viajes
war novel	la novela de guerra

Art and architecture   Arte y arquitectura

antique	antiguo/a
architect	el/la arquitecto/a
art	el arte
artifact	el artefacto
artist	el/la artista
art student	el/la estudiante de arte
auction	la subasta
baroque	barroco/a
beam	la viga
bronze	el bronce
brush	el pincel
build	construir
building	el edificio
bust	el busto
carve	tallar (*wood*), cincelar (*stone*)
ceramics	la cerámica
charcoal	el carbón
chisel	el cincel
classical	clásico/a
clay	la arcilla

146

decorated	decorado/a
decoration	la decoración
design	el diseño
display	la exposición
draw	dibujar
drawing	el dibujo
easel	el caballete
enamel	el esmalte
engrave	grabar
engraving	el grabado
exhibit	la exhibición
figure	la figura
fine arts	las bellas artes
fresco	el fresco
gallery	la galería
genre	el género
interior	interior
intricate	intrincado/a
ironwork	el herraje
landscape	el paisaje
light	la luz
lithography	la litografía
masterpiece	la obra maestra
metal	el metal
miniature	la miniatura
model	el modelo
monochrome	monocromático/a
mosaic	el mosaico
museum	el museo
oil painting	la pintura al óleo
ornate	recargado/a
paint	pintar
paint	la pintura
painting	el cuadro
pastel	pastel
portrait	el retrato
potter	el/la ceramista

Arts and Leisure — Artes y Ocio

pottery	la cerámica
represent	representar
representation	la representación
reproduction	la reproducción
restoration	la restauración
restore	restaurar
restored	restaurado
restorer	el/la restaurador/a
school	la escuela
sculpt	esculpir
sculptor	el/la escultor/a
sculpture	la escultura
sketch	el boceto
stained glass	la vidriera
statue	la estatua
still life	la naturaleza muerta
studio	el estudio
style	el estilo
surrealism	el surrealismo
tapestry	el tapiz
traditional	tradicional
watercolor	la acuarela
wood	la madera
wood carving	la talla de madera

Music and dance — Música y baile

acoustics	la acústica
album	el álbum
amplifier	el amplificador
audience	el público
audition	la audición
auditorium	el auditorio
ballet	el ballet
cassette tape	la cinta de casete
chamber music	la música de cámara
choir	el coro

choral	la coral
choreography	la coreografía
chorus	el estribillo
compact disc, CD	el disco compacto, CD
compose	componer
composer	el/la compositor/a
composition	la composición
concert	el concierto
concert hall	la sala de conciertos
conduct	dirigir
conductor	el/la director/a de orquesta
dance	el baile
dance	bailar
dancer	el bailarín/la bailarina
dance music	la música de baile
discotheque	la discoteca
disc jockey (dj)	el/la disc jockey (dj)
drummer	el/la batería
ensemble	el conjunto
gig	la actuación
group	el grupo
harmony	la armonía
harmonic	la armónica
hit (song)	el éxito
instrument	el instrumento
instrumental music	la música instrumental
instrumentalist	el/la instrumentista
interpretation	la interpretación
jazz	el jazz
jukebox	la máquina de discos
listen to	escuchar
listening	la audición
microphone	el micrófono
music	la música
musically	musicalmente
musician	el/la músico

note	la nota
orchestra	la orquesta
orchestration	la orquestación
performance	la representación
performed by	interpretado por
performer	el/la intérprete
pianist	el/la pianista
piano	el piano
piece	la pieza musical
play (an instrument)	tocar (un instrumento)
player	el/la músico
portable	portátil
I practice	practico
recital	el recital
record	grabar
recording	la grabación
recording studio	el estudio de grabación
rehearse	ensayar
rehearsal	el ensayo
rhythm	el ritmo
rhythmic	rítmico/a
rock	el rock
show	el espectáculo
sing	cantar
singer	el/la cantante
solo	el solo
soloist	el/la solista
song	la canción
songwriter	el/la compositor/a de canciones
string	la cuerda
string orchestra	la orquesta de instrumentos de cuerda
symphony	la sinfonía
tour	la gira
on tour	de gira
tune	el tono

in tune	afinado/a
out of tune	desafinado/a
tune	entonar
tuner (of instruments)	el/la afinador/a
tuning fork	el diapasón
violin maker	el/la fabricante de violines
vocal music	la música vocal
voice	la voz
whistle	silbar
whistling	el silbido
wind instruments	los instrumentos de viento

Theater and the movies [cinema]

El teatro y el cine

act	la actuación
act	actuar
acting school	la escuela de teatro
actor	el actor
actress	la actriz
applaud	aplaudir
applause	el aplauso
audience	el público
auditorium	el auditorio
box	el palco
box office	la taquilla
cabaret	el cabaret
camera	la cámara
camera crew	el equipo de cámara
cameraman	el/la camarógrafo/a
cartoons	los dibujos animados
choreographer	el/la coreógrafo/a
circle	el círculo
circus	el circo
clap	aplaudir
coatroom [cloakroom]	el guardarropa
comedian	el actor cómico

Arts and Leisure | Artes y Ocio

comedienne	la actriz cómica
curtain	el telón
director	el/la director/a
drama	el drama
dress rehearsal	el ensayo general
dubbed	doblado/a
dubbing	el doblaje
effect	el efecto
farce	la farsa
farcical	absurdo/a
filmmaker	el/la cineasta
first night	el estreno
flop	el fracaso
intermission	el descanso
lights	las luces
lobby	el vestíbulo
make a movie [film]	filmar una película
masterpiece	la obra maestra
matinée	la función temprana
melodrama	el melodrama
mime	el mimo
movie [film]	la película
movie [cinema] buff	el/la cinéfilo/a
(movie [film]) producer	el/la productor/a (de cine)
movie [film] star	la estrella de cine
the movies [cinema]	el cine
offstage	entre bastidores
opening night	la noche de estreno
performance	la actuación
photography	la fotografía
play	la obra de teatro
playwright	el/la dramaturgo/a
premiere	el estreno
produce	producir
producer	el/la productor/a
production	la producción

Arts and Leisure — Artes y Ocio

public	el público
retrospective	la retrospectiva
role	el papel
row	la fila
scene	la escena
scenery	el escenario
screen	la pantalla
screening	la proyección
script	el guión
scriptwriter	el/la guionista
seat	la butaca
sequel	la continuación
sequence	la secuencia
show (a movie [film])	mostrar (una película)
sold-out	agotado/a
sound track	la banda sonora
special effects	los efectos especiales
stage (theater)	el escenario
stage (cinema)	el escenario
stage directions	la acotación
stage effects	los efectos escenográficos
stage fright	el miedo al público
standing ovation	la ovación
stuntperson	el/la doble
ticket	el boleto
trailer	el tráiler
understudy (theater)	el/la suplente
understudy (cinema)	el/la suplente
usher	el/la acomodador/a
walk-on part	el papel de figurante

The press — La prensa

article	el artículo
cartoon	la caricatura
chief editor	el/la redactor/a jefe
circulation	la circulación

color supplement	el suplemento a color
column	la columna
comic	el cómic
correction	la corrección
correspondent	el/la corresponsal
foreign correspondent	el/la corresponsal extranjero/a
crossword puzzle	el crucigrama
daily newspaper	el diario
edition	la edición
editor	el/la editor/a
editorial	el editorial
front page	la portada
headline	el titular
illustration	la ilustración
to be published	estar publicado/a
journalist	el/la periodista
layout	la distribución
local paper	el periódico local
magazine	la revista
monthly	la revista mensual
national newspaper	el periódico nacional
newspaper	el periódico
newsstand	el kiosco de prensa
page	la página
pamphlet	el panfleto
periodical	la publicación periódica
press agency	la agencia de prensa
press conference	la conferencia de prensa
print	imprimir
publish	publicar
publisher	el/la editor/a
publishing company	la casa editorial
reader	el/la lector/a
report	el reportaje
reporter	el/la reportero/a
special correspondent	el/la corresponsal especial

sports page	la página de deportes
subscribe	subscribirse
subscription	la suscripción
tabloid	la prensa sensacionalista
type(face)	el tipo de letra
weekly	el semanario

Impressions / Opiniones

Speak Up / Hable

I like it.	Me gusta.
I don't like it.	No me gusta.
It's...	Es.../Está

▶ *For when to use es or está, see page 156*

amazing	increíble
beautiful	precioso/a
bizarre	extraño/a
boring	aburrido/a
brilliant	genial
(too) expensive	(demasiado) caro/a
a good value	a buen precio
interesting	interesante
magnificent	magnífico/a
a rip-off	un timo
romantic	romántico/a
stunning	impresionante
superb	espléndido/a
terrible	terrible
ugly	feo/a

Grammar

In Spanish, there are a number of forms for "you" (taking different verb forms): **tú** (singular) is used when talking to relatives, close friends and children; **usted** (singular) and **ustedes** (plural) are used in all other cases. If in doubt, use **usted/ustedes**. The following abbreviations are used in this section: Ud. = Usted; Uds. = Ustedes; sing. = singular; pl. = plural; inf. = informal; for. = formal.

Regular Verbs

There are three verb types that follow a regular conjugation pattern. These verbs end in **–ar**, **–er** and **–ir**. Following are the present, past and future forms of the verbs **hablar** (to speak), **comer** (to eat) and **vivir** (to live). The different conjugation endings are in bold.

HABLAR		Present	Past	Future
I yo	hablo	hablé	hablaré
you (sing.)	tú	hablas	hablaste	hablarás
he/she/you	él/ella/Ud.	habla	habló	hablará
we	nosotros	hablamos	hablamos	hablaremos
they/you	ellos/ellas/Uds.	hablan	hablaron	hablarán

COMER		Present	Past	Future
I yo	como	comí	comeré
you (sing.)	tú	comes	comiste	comerás
he/she/you	él/ella/Ud.	come	comió	comerá
we	nosotros	comemos	comimos	comeremos
they/you	ellos/ellas/Uds.	comen	comieron	comerán

VIVIR		Present	Past	Future
I yo	vivo	viví	viviré
you (sing.)	tú	vives	viviste	vivirás
he/she/you	él/ella/Ud.	vive	vivió	vivirá
we	nosotros	vivimos	vivimos	viviremos
they/you	ellos/ellas/Uds.	viven	vivieron	vivirán

Irregular Verbs

In Spanish, there are many different irregular verbs; these aren't conjugated by following the normal rules. The two most commonly used, and confused, irregular verbs are **ser** and **estar**. Both verbs mean "to be". Following is the past, present and future tenses of **ser** and **estar** for easy reference.

SER	Present	Past	Future
yo	soy	fui	seré
tú (sing.)	eres	fuiste	serás
él/ella/Ud.	es	fue	será
nosotros	somos	fuimos	seremos
ellos/ellas/Uds.	son	fueron	serán

ESTAR	Present	Past	Future
yo	estoy	estuve	estaré
tú (sing.)	estás	estuviste	estarás
él/ella/Ud.	está	estuvo	estará
nosotros	estamos	estuvimos	estaremos
ellos/ellas/Uds.	están	estuvieron	estarán

Ser is used to describe a fixed quality or characteristic. It is also used to tell time and dates. Example: Yo soy estadounidense. I am American.
Here ser is used because it is a permanent characteristic.

Estar is used when describing a physical location or a temporary condition. Example: Estoy cansado. I am tired.
Here estar is used because being tired is a temporary condition.

Nouns and Articles

Nouns are either masculine or feminine. Masculine nouns usually end in –o, and feminine nouns usually end in –a. Nouns become plural by adding an –s, or –es to nouns not ending in –o or –a (e.g. tren becomes trenes). Nouns in Spanish get an indefinite or definite article. An article must agree with the noun to which it refers in gender and number. Indefinite articles are the equivalent of "a", "an" or "some" in English, while definite articles are the equivalent of "the".

Indefinite examples: un tren (a train); unos trenes (some trains); una mesa (a table); unas mesas (some tables)

Definite examples: el libro (the book); los libros (the books); la casa (the house); las casas (the houses)

A possessive adjective relates to the gender of the noun that follows and must agree in number and gender.

	Singular	Plural
my	mi	mis
your (sing.)	tu	tus
his/her/its/your	su	sus
our	nuestro/nuestra	nuestros/nuestras
your (pl.)	vuestro/vuestra	vuestros/vuestras
their/your	su	sus

¿Dónde está tu chaqueta? Where is your jacket?
Vuestro vuelo sale a las ocho. Your flight leaves at eight.

Word Order

In Spanish, the conjugated verb comes after the subject.
Yo trabajo en Madrid. I work in Madrid.

To ask a question, reverse the order of the subject and verb, change your intonation or use key question words such as cuándo (when).
¿Cuándo cierra el banco? When does the bank close?

Literally: "When closes the bank?" Notice the order of the subject and verb is reversed; a question word also begins the sentence.
¿El hotel es viejo? Is the hotel old?

Literally: "The hotel is old." This is a statement that becomes a question by raising the pitch of the last syllable of the sentence.

Negation

To form a negative sentence, add no (not) before the verb.

Fumamos. We smoke. No fumamos. We don't smoke.

Imperatives

Imperative sentences, or sentences that are a command, are formed by adding the appropriate ending to the stem of the verb (i.e. the verb in the infinitive without the -ar, -er, -ir ending). Example: "Speak!"

you (sing.) (inf.)	tú	¡Habla!
you (sing.) (for.)	Ud.	¡Hable!
we	nosotros	¡Hablemos!
you (pl.) (for.)	Uds.	¡Hablen!

Comparative and Superlative

The comparative is usually formed by adding más (more) or menos (less) before the adjective or noun. The superlative is formed by adding the appropriate definite article (la/las, el/los) and más (the most) menos (the least) before the adjective or noun.

grande	más grande	el/la más grande
big	bigger	biggest
caro/cara	menos caro/cara	el/la menos caro/cara
expensive	less expensive	least expensive

Possessive Pronouns

Pronouns serve as substitutes for specific nouns and must agree with the noun in gender and number.

	Singular	Plural
mine	mío/mía	míos/mías
yours (inf.)	tuyo/tuya	tuyos/tuyas
yours (for.)/his/her/its	suyo/suya	suyos/suyas
ours	nuestro/nuestra	nuestros/nuestras
yours (inf.)	vuestro/vuestra	vuestros/vuestras
theirs	suyo/suya	suyos/suyas

Ese asiento es mío. That seat is mine.

Adjectives

Adjectives describe nouns and must agree with the noun in gender and number. In Spanish, adjectives usually come after the noun. Masculine adjectives generally end in –o, feminine adjectives in –a. If the masculine form ends in –e or with a consonant, the feminine form is generally the same. Most adjectives form their plurals the same way as nouns.

Su hijo/hija es simpático/simpática. Your son/daughter is nice.

El mar/La flor es azul. The ocean/The flower is blue.

Adverbs and Adverbial Expressions

Adverbs describe verbs. Some adverbs are formed by adding –mente to the adjective.

Roberto conduce lentamente. Robert drives slowly.

The following are some common adverbial time expressions:

actualmente presently

todavía no not yet

todavía still

Gramática

Artículos

Los artículos son palabras accesorias que se anteponen a los nombres para individualizarlos en un contexto.

Artículo definido

Se usa el artículo definido the para referirse a:

- una persona u objeto específico que ya conocemos:

  He has the key.
  The boys are not at home.

- mares, ríos y cadenas de montañas (pero no lagos):

  the Black Sea, the Nile, the Alps, Lake Michigan

- edificios importantes:

  the White House, the Eiffel Tower, the Taj Mahal

- instrumentos musicales:

  She plays the piano.

Artículo indefinido

Se usa el artículo indefinido (a o an) para referirse a:

- sustantivos contables en forma singular:

  She's a doctor.
  He's eating an orange.

- ciertos números:

  a hundred, a thousand, a million

- ciertas cantidades:

  a couple of, a pair of, a few, a little

- precios:

  ninety-five cents a pound

- medidas:

  fifty-five miles an hour

El artículo indefinido tiene dos formas: a y an. Se usa an delante de una vocal (a, e, i, o, u):

  an apple, an egg, an island, an orange, an uncle

- y delante de h cuando no se pronuncia:

  an hour, an honest man

Se usa a delante de todas las demás letras:

  a book, a child, a chair, a house, a woman

- y delante de u y eu cuando se pronuncian como you:

  a European un europeo   a university una universidad

Adjetivos posesivos

Los adjetivos posesivos indican que un sustantivo pertenece a alguien o algo. Éstas son sus formas:

my	mi/mis	our	nuestro/nuestra/nuestros/nuestras
your	tu/tus	your	vuestro/vuestra/vuestros/vuestras, su/sus (de ustedes)
his	su/sus (de él)	their	su/sus (de ellos)
her	su/sus (de ella)	its	su/sus (de un animal u objeto)

Atención: La tercera persona (his/her) adopta el género del poseedor:

Paul took his suitcase. (masculino)
Susan took her suitcase. (femenino)

Verbos

Forma infinitiva
El tiempo presente
El presente simple: Formas
El tiempo presente del verbo to be se forma de la siguiente manera:

Forma afirmativa:

I am (I'm)	yo soy
you are (you're)	tú eres / Ud. es
he is (he's) / she is (she's) / it is (it's)	él es / ella es / ello es
we are (we're)	nosotros somos
you are (you're)	vosotros sois / Uds.son
they are (they're)	ellos son / ellas son
Hello, I'm Sue Fisher.	Hola, soy Sue Fisher.
We're fine.	Estamos bien.

Forma negativa:

Se utiliza to be + not.	Se contrae:
I am not	I'm not
he/she/it is not	he's not/she's not/it's not
you/we/they are not	you're not/we're not/they're not

Forma interrogativa: Se utiliza to be + sujeto

Am I...?	
Are you/we/they...?	
Is he/she/it...?	
Are you busy today?	¿Estás ocupado/a hoy?
Is he French?	¿Él es francés?

A menudo usamos el presente continuo para hablar de un período en el presente, por ejemplo: the day (el día), today (hoy), this morning (esta mañana), tonight (esta noche), etc.
He's spending the day with his friends.

El presente continuo: Formas
El presente continuo se forma así: be (am/is/are) + verbo + -ing.

Forma afirmativa:	He is going home now.
Forma negativa:	He is not going home now.
Forma interrogativa:	Is he going home now?

El modo imperativo
En inglés no hay una forma especial de verbo para el imperativo. En vez, usamos la forma básica del verbo (el infinitivo sin la partícula to).

El modo imperativo se puede utilizar para dar instrucciones, y órdenes:

Turn right at the corner.	Al llegar a la esquina dobla a la derecha.
Take two tablets every four hours.	Toma dos tabletas cada cuatro horas.
Don't forget to mail that letter!	¡No te olvides de enviar esa carta!

Para dar consejos o hacer sugerencias:

Relax.	Relájate.
Don't worry about it.	No te preocupes.

Para dar advertencias:

Keep out. Danger.	Prohibida la entrada. Peligro.

Para pedir algo:

Please open the door.	Por favor, abra la puerta.